公司正能量

企业可持续发展的核心动力

华夏智库
金牌培训师
书系

张旭婧 著

把正能量成功导入企业运营
中国第一本研究企业正能量专著

中国财富出版社

图书在版编目（CIP）数据

公司正能量：企业可持续发展的核心动力 / 张旭婧著．—北京：中国财富出版社，2013. 7

（华夏智库·金牌培训师书系）

ISBN 978 - 7 - 5047 - 4723 - 5

Ⅰ. ①公…　Ⅱ. ①张…　Ⅲ. ①企业管理　Ⅳ. ①F270

中国版本图书馆 CIP 数据核字（2013）第 122880 号

策划编辑	范虹轶	**责任印制**	方朋远
责任编辑	刘淑娟	**责任校对**	饶莉莉

出版发行	中国财富出版社（原中国物资出版社）		
社　址	北京市丰台区南四环西路 188 号 5 区 20 楼	**邮政编码**	100070
电　话	010 - 52227568（发行部）		010 - 52227588 转 307（总编室）
	010 - 68589540（读者服务部）		010 - 52227588 转 305（质检部）
网　址	http：//www. cfpress. com. cn		
经　销	新华书店		
印　刷	北京京都六环印刷厂		
书　号	ISBN 978 - 7 - 5047 - 4723 - 5/F · 1961		
开　本	710mm × 1000mm　1/16	**版　次**	2013 年 7 月第 1 版
印　张	14	**印　次**	2013 年 7 月第 1 次印刷
字　数	181 千字	**定　价**	35. 00 元

公司正能量

前言

PREFACE

真正的发展动力在每个员工的心中

一个人能完成的事情大体不会超越自己的心灵。心灵只是一个人意念的起点，实际上人生的任何成就，都需要成熟的自我管理能力。自我管理是企业管理的最新假设，也是在复杂灵动的市场中实现商业价值的最佳实践。

在当下中国经济发展的过程中，存在的最大的现实问题是管理机制限制了人力资源的发展。一个不能积累人力资源的国家是没有前途的，一个不能配置人力资源的国家同样是没有前途的。无论是国家的发展、组织的发展还是企业的发展，归根结底离不开人才，这是最浅显的道理，但是这个道理天天讲、日日讲，怎么运用到实践去呢？我们认为是该抛弃不合时宜的管理机制和管理理论的时候了。一个充满活力的国家，一个充满活力的城市，一个充满活力的企业，该如何让个人充满活力，发挥潜能，这是中国管理的核心问题。

不解决个体活力的问题，中国就不会成为全面的发达国家。中国企业正面临着发展的瓶颈，而其中最大的瓶颈就是社会钳制了个人的发展。

中国需要成为一个充满正能量的国家，但是现在只在形式上是充满正能量的，在内核上我们生活中却充满了负能量。**研究大多数企业的发展现状，我们发现那些发展不好的企业，都是因为没有充分发挥人的核心作用，企业的绝大部分资源用在了内耗上，这种内耗型的企业是没有市场竞争能力的。**一个全心全意服务于顾客的企业尚不能保证在竞争中胜出，何谈内耗巨大的企业？

本书中主要谈及中国企业面向未来的管理系统变革，变革的核心在于尊重个人，激发个体本身的激情，激发个人身上的正能量，然后激发组织的正能量。

在当下中国的企业界，各色管理理论层出不穷，有让员工注重细节的，有让员工无条件服从的，有让企业采用军队型管理的……说出来都是有些道理的。但是我们在这些管理理论中总是觉得企业中的管理层和领导层是优秀的，其实这仅是一个假设。那些在企业中身处高位的人不一定就是企业中的智者。**你不知道企业的哪位员工能够在工作中找到企业变革的新方向，而变革的速度的加快，使得企业领导者只能成为企业走向某一个阶段的接力棒者。在接完自己最擅长的一棒之后，企业领导者就要真诚地去做一个支持者。**

这就是面向未来的企业变革，尽管在传统企业的生产线上，我们看不到这样的变革管理行为，也不主张每一个员工都有自己的想法，也不注重他们的工作激情。但是这些员工也是产业价值链上的一环，在对外提供顾客价值的过程中，最终还是需要知识工作者的参与。企业的未来价值不仅体现在生产线上，而且还体现在如何去理解顾客，和顾客进行互动。这种互动过程才是企业产生顾客价值的过程。所以这样一群人的工作状态，最终决定了企业在市场中的地位。

未来的管理是个性化的，目标在于激发个人的潜能，将个人的长项发挥到极致。如何激发一个人内心的激情显得尤为重要。很多国内的管理者对我们说，这种想法很好，但是我们企业的员工没有那样的素质，我们没有办法用西方前沿的管理模式来要求我们的企业。

总是有人跟我说这是中国，这很像我们不拒绝一切技术产品，不拒绝汽车，不拒绝手机，不拒绝抽水马桶，但是独独拒绝一套成熟的、经实践证明行之有效的制度系统。同样在我们的企业管理中，我们为什么要拒绝国际上最前沿的行之有效的管理模式？现在的企业竞争，即使在一条小街上，你也必须具有全球竞争力。因为在你的不远处，可能就有沃尔玛这样的强大对手，任何企业面临的竞争对手都是国际化的。你在温州做一个小小的剃须刀，在家门口可能就会遇到飞利浦的强力竞争。他们凭借自己的战略优势，可以死死地将这些温州小制造者压制在产业链的最低端。

而温州这些小企业，大多数是老老实实的产业工人所组成的实业企业，他们经营的是产品，而不是顾客和创意！

中国企业如何实现突破，最重要的问题就是发挥人本身所拥有的正能量。只有员工首先达到了世界的前沿，中国企业才能做成国际一流的事情。没有人的现代化；就不可能有中国的现代化；**没有一流的自我学习能力，一个企业就无法自我突破，无法实现华美的蜕变。**推动变革的核心不是资源和金钱，而是蕴藏在人们身上的正能量。激发他们的热情，提升他们的价值观，让他们全部成为自己领域的专家，发挥出自己的价值。这样的企业，才能成为全球一流的企业。

德鲁克说，美国21世纪最大的挑战，就是如何管理知识工作者，让他们发挥最大的效能。其实，我们所说的正能量，正是中国化的语义表达，正能量永远发自个体的内心表达。换句话说，中国21世纪最

大的挑战，就是如何管理知识工作者，让他们发挥最大的效能。21世纪的竞争，说到底还是人才的竞争。管理要满足个体的充分发展，能够完成这种管理转变的国家才能成为可持续发展的国家，一个充满正能量的国家。

本书能在较短的时间内出版真诚感谢秦富洋、方光华、陈德云、刘星、曾庆学、李志起、杨勇、李高朋、孙汗青、陈春东、王京刚、陈宁华、王军生、辛海、蒋志操、王咏、赵国星等人在制图、文字修改以及图书推广宣传方面的协助。

作 者

2013年5月

目录

CONTENTS

每一个人的肉体都是弱小的，但是思想却是强大的，当领袖周围站立着成千上万的支持者的时候，领袖就自然而然地成为最有权力的人，企业领袖就有可以借用的力量，他们正是借助团队的力量将一个个伟大的梦想变成了现实。

一个企业做好自己的产品仅仅是个基础，这是本书所持的观点，企业需要输出自己的产品和服务，就需要去影响顾客，影响顾客的核心是话语权。我们在前文中已经就企业内部的话语能量做过探究，本章就市场的话语权把握做另一番探究。

第一章 管理能量，个体强则公司强

每个人身上都有着一种隐秘的能量，有些是正向的，有些是负向的。我们能够感受到别人传递过来的潜意识能量，有时候不是语言散发出来的，而已经成为了一种气质。我们欣赏那些能够带给我们正能量的人。在一流的企业中，大部分员工都是能够传递正能量的人，是具有自我管理能力的人。他们不仅能够激发自己，也能够激发别人。

每个人都是自己的CEO

每个人都是自己的CEO，每个心理能量强大的人都是自己的管理者。

经济发展的核心是人而不是其他资源，认识不到这一点的国家是不可能获得持久的发展的，不能持有这样价值观的企业也不能成为一个有竞争力的企业。一般人会认为企业发展的根本动力是资本，实际上推动资本增值的永远是人，而不是资本本身。企业发展的根本动力是来自于团队心中服务于顾客，实现自我激励的正能量。

在科学世界里，能量无论转化为哪一种形式，都是守恒的，其不会凭空的产生，也不会凭空的泯灭。能量会在不断的转化中形成不同的存在形式。但是在心理领域，有一种能量叫做心理能量。心理能量大小决定了一个人的作为。心理能量和物理学中的能量不一样，这是一种精神能量，不受物理学定律的制约。精神力量可以凭空的产生，影响人们的行为，推动人们在生活中努力向上，实现自我价值。

很多人都在讨论生命中的心理能量对于个人命运的影响，这种讨论超越了经济学的范畴，而成为人们生活中的动力。由于关于人们心灵领域的讨论太多了，研究的范畴非常的广泛，所以我们在本书中仅谈论企业的正能量。

信心比黄金更重要是关于正能量对于经济影响的最精确的表达。人们的看法会影响人们的行为。如果信心形成了正能量，形成了正向的价值循环，那么，随着时间的推移，事物就会逐步向好的方向转化，一切都会好起来。

在一些规模巨大的企业中，风气的建设被放在了比较重要的位置。好风气实际上就是正能量的表达。心理能量能够超越企业的物质属性，通过激发蕴藏在员工身上的能量，外化为员工事业上的进取心和行动。

在一个企业中，员工的心理能量会聚以后能够做出不平凡的伟业。一个缺少正确价值观指导和心理能量推进的企业是没有战斗力的。企业很多时候只是注重了物质方面，却无视员工的内在活力的激发，而只有超越自身的物质属性，才有可能成为一个杰出的企业，一个拥有强大正能量的企业。

在一个企业中，心理能量给创业团队注入了最强的动力能量。这种能量可以超越企业自身所拥有的物质资源，实现企业的超速发展。或者努力突破，在市场上占据一个重要的开拓者的位置。每一件事情的背后，都是一颗颗火热的事业心在推动着。

中国企业目前最需要的就是界定自身的事业，提起对工作的热情。中国的国有企业的人员激励问题一直都是令人困扰的问题，很多时候，国企背负的东西是政治任务，为了中国经济大局的稳定，他们将自己定位为中国经济的稳定器。其实在一个企业中，服务的对象应该是一个个具体的人，而不是抽象化的顾客。

在企业中，有一种心理能量是守恒的，那就是无论我们有多大的心理正能量，物化为市场产品的时候，我们都不能超越客户的期待。客户即使短期内的需求得到了满足，但是他们在一段时间内还会提出新的要求。

市场需求的能量和企业服务于顾客的能量是一种动态的平衡关系。一个企业创造了多少的正价值，市场就会吸纳多少的正价值。

三一重工董事长梁稳根说，我们在激励员工去做伟大事业的时候，首先想到的不是产业报国，而是我们每一个用户在使用我们的挖掘机和其他重工机械的时候他们的感受。做出世界最好的品质，司机们的笑容就是我们的正能量。正是这样的正能量使得我们不断地去冲击世界重工机械领域的最高点。我们的产业报国的能量在每一个用户的笑容里，不在我们抽象的口号里。

三一重工在市场上的成功，就是注重用户使用体验的成功，他们在引导员工的时候，告诉每一个员工，如果你就是三一重工机械的使用者，你对你自己的工作会提出什么样的需求？正是立足于用户的正向思考，使得三一重工在过去的数年内创造了很多的世界第一。在日本的地震中，三一重工向日本提供了世界最长的混凝土机械。这正是为客户思考的正能量在起作用。这一行为使得一个小的民营企业，变成了享誉世界的全球重工机械品牌，成为中国实业界的骄傲之一。

如何激发员工内心的正能量，已经成为当代管理的主要议题。我们可以用心理能量的视角去很容易地分辨一个人。心理能量可以有一个计量的单位，成为衡量员工自我发展潜质的一个很好的评估标准。

一个拥有心理正能量的人能够激发自己，也能够激发别人。能够激发别人的人当然会成为组织的领导者，不管在企业中，还是在其他的非赢利组织中，他们能够完成自己本职工作之外的更多的工作，他们能够超越自己的职位思考整个组织的发展方向和如何立足于现实去做改变。如果一个拥有强大正能量的人，同时也具有将心里的愿望变成切实可行的行动，我们可以认为这是一个能够不断地进行自我完善的人，在自己的事业发展生涯中，他们也将成为领导者和管理者。

在企业组织中，我们也容易看到秉持心理负能量的人，他们自卑自闭，对于自己是合作者总是传递比较悲观的信息，而不是正面的信息。他们行事比较消极，总是在等待和拖延，害怕面对事情朝自己不利的方向去发展。但是在心理学上有一个很常见的规律，也就是所有的预言都会自我实现，所以他们在做事的过程中，也是尝到生活苦果最多的人。他们愁眉不展的形象深深地印刻在自己的交往圈子里，他们也会对周围的合作者造成一定的困扰。

在组织中，人们愿意接受有强大正能量的人的引导，而逐步远离那些总是给自己带来负面信息的人。因为趋利避害的本能要求人们在互动中更多地去响应正面积极的东西。

其实在现代，企业竞争已经到了白热化的阶段，变革成了一种常态，能够领导变革的人在企业中显得弥足珍贵。而变革者往往都是创业者，创业者的要求就是在无路的地方走出路来，而不是去完成一件具体的事情。对于这样的员工，首先就能够判断他是一个心理很强大的人，在无人看好的地方能够开拓出一片天地，需要很大的勇气。

所以，我们在观察一个企业有没有作为的时候，最重要的观察点就是企业的领导层，如果领导者是一个拥有强大正能量的人，那么这个企业就能够不断的突破限制，获得持续发展。而那些不那么强大的企业，就缺少这样的核心发展要素。

也许，伟人、杰出人士和一般人的区别就在于心理能量的大小不一样。这虽不是一个能够用物理学去测量的东西，但是从追随者的神情和行为中，我们能够感受到这样的心理能量。

心理能量不能像测量物质能量那样，因而一些心理学家在物理学家的面前很有自卑感，他们觉得像电能、动能、光能等能量形式是“客观存在”的，而心理能量则只是一个假设性的概念，是不是真存在很难说。

在这些心理学家的心目中，除非有一天，科学家测量出心理能量是身体里的一种生物电能量或者化学能量，否则就不能说心理能量存在。心理学家在物理学家面前的这种自卑由来已久，行为主义心理学不就是在竭力模仿物理学，在寻求物理学一样的客观性吗？但是这自卑本来是大可不必的，因为随着现代物理学的发展，机械的唯物主义的观点越来越势微。现代的物理学家发现，物理学中的“能量”也不过是一个概念而已，也不过是为了说明一些物质运动的现象而假设的存在而已。本来它和心理学中的“心理能量”概念就没有什么差别，都是为了解释现象提出的概念。

物理学中的能量具有很好的数理模型，可以进行验证。但是现在国内外关于正能量对于企业中人们的相互影响，却没有一个模型对于商业结果进行评估。在本书中，我们会逐步围绕经营的本质，将正能量对企业的发展贯穿到企业经营中，从而推导出正能量数理模型。

个体能量和企业团队能量的交融

经济学上讲的组织中人们心中的正能量对商业结果能够产生巨大的影响，所以不能不去研究它们。

很多书中都在谈个体和企业团队的影响力，实际上来自内心的正能量是对外在影响力的内在诠释。一个人的影响力有了一个可以量化和思考的词汇，这个词汇就是正能量。在组织中，对于一件事情而言，有些人发挥关键作用，有些人发挥辅助作用，有些人则不会发挥作用，有些人则变成事情的阻碍者。**在具体评价一个人的时候，总是离不开一件具体的事情。这是我们评判一个人身上正能量的立足点。**

在全球的企业中，现在已经逐步形成了一种对人的评估标准。也就是评价一个人，总是将这个人完成某件事情所发挥的作用进行评估。在工作之外，那是个人的私生活，是个人的空间，别人是无权过问的。即使你是他的上司和领导，你也不能将自己的喜好强加于自己的下属。在中国企业和政治组织中，对一个人的评估标准往往在工作之外，即这个人私下的行为成为其在组织中的评估标准。比如上海某区某年选拔一个女干部的时候，因为这个女干部会抽烟，最后没有通过组织的考核。因为评估小组认为女人抽烟就是一个不好的事情，是负面的东西。其实这个事情是人们不尊重私权的表现。公务员也是一份工作，你不能因为工作要一个人交出全部的私权，一切的行为准则，都要按照某种标准来。

其实，没有一个人是完美的，就个人的心理能量来说，有正面的也有负面的，一个在企业中加班没有怨言，十分敬业的人可能对于妻子来说，是一种负能量，因为没有时间陪家人去过一个愉快的周末。

当然一个拥有正确管理机制的企业，能够分辨员工身上的价值，对于企业发展的促进作用，也能够分辨出员工管理的分界线，尊重员工的内心感受，尊重员工的私权，使得员工的生活和工作之间得到很好的平衡，这样的话，员工就能够在生活和工作上都做正向的思考，让企业有着蓬勃发展的动力。

企业需要的是充满正能量的组织，只有这样，才能令员工愿意追随，实现共同发展。

所以对于个体能量而言，不要指望任何一个人身上永远具有正能量，永远具有正能量的人不是疯子，就是狂热者。狂热不是正常的生活状态。在工作中，去激励一个人的时候，我们总是希望工作的成果能够带来自信，然后这种自信又反过来不断的积累正向思考、解决问题的能力。大体上，一个个体的心理能量积累，都会经历这样一个过程。

对于个体的工作能量而言，都是专业带给人的自信。越专业，越能将自己领域的事情做好，也就越自信，心理正能量也就越多。专家之所以变成专家，首先他们认为自己就是一个专家，对具体事情有自己的见解和发言权，能够做出符合实际的决定和决策。

个体的正能量从来就不是凭空产生的，我们从来就不认为成功学对于一个没有工作积累的人有正面的激励作用。但是有一点，值得大家思考，**也就是那些人之所以是人才，首先他要认定自己是人才，他自己是不可或缺的，有一种天生的使命感和对事情的参与性。他认为他在某件事情上是带着使命来的。所以这样的人才能够持续地激励自己；因为持续的努力，他才能够成为自己领域的专家；成为专家以后继续努力，才能成为行业的高端人才。**

创业者从来都不是专才，而必须是通才，因为只有通才才能识别不同领域同时出现的问题，然后找到符合事实的解决方案。所以任何一个有才华的人，只要他成为一个创业者，他首先感觉到的就是能力不够用。我们认为创业者身上最值得肯定的东西就是正向的价值思考。创业者理应是正能量最大的人，因为他不仅仅要激励自己，也能够激励别人，将个人的正能量转化为团队的正能量。

任何事业成功的基石就是团队，然后才是具体的事情。也就是说，财富永远在人身上，而不在其他的地方。因为一个产品也好，一种服务也好，都是各领风骚三五年的事情，唯有不断进取的团队，才能够将事情变成事业，一步步走向人生的高峰。

在讨论个体正能量的时候，我们也需要去讨论团队的正能量，按照联想前总裁柳传志的说法，一个企业如果只有老板是发动机，其他人都是齿轮的话，那么这个企业就是大个体户，而不是一个真正的企业，真正的企业是一群合作者的同盟军。一个好的企业，老板和员工都是发动机，是大发动机和小发动机的关系。只有这样的驱动模式，我们才能认为这是个发展无限的企业。

团队的正能量就是柳传志所描述的，**领导层和企业领袖必须将自己内心的正能量传递给自己的团队，而团队成员也需要将自己的工作正能量回馈给自己的领导者。向下领导和向上管理形成一种心理能量的交换和对流，只有这样的企业才能生生不息。**

在最近十几年发展起来的企业中，阿里巴巴是典型的团队制胜者，也是笔者认为中国企业中正能量最大的企业之一。阿里巴巴在发展过程中，不断地进行变革，使得自己的业务模式能够适应日新月异的电子商务的发展趋势。也就是说，十多年来，这个企业从小到大的发展起来，成为一个年销售额万亿元（淘宝网，天猫网）的企业。企业虽然很大，但是一直处于创业的状态，在发展的动力上从来没有懈怠过。因为这个企业天生就有着创业的能量基因。

马云创业的时候，初期的50万元是18名员工一起凑出来的，10年过去后，这18个人中有做到总裁级的孙彤宇，也有还是经理的麻长炜，但没有任何一个人从阿里巴巴流失。无论在外界如何被误解，也无论公司陷入如何的困境，追随的人始终没有放弃对企业的信心。

在团队中，团队成员对于领导者的信心至关重要，这是衡量企业团队正能量的核心考察因素。外人看来忽悠的马云，对阿里巴巴的18罗汉却是有着不寻常的煽动性。“无论什么时候看到他，你在他眼中看到的都是自信，我一定能赢的信心。你跟他在一起就充满了活力。”阿里巴巴副总裁、18罗汉之一戴珊如是说。“在你绝望的时候他能让你看到希望，能跟着走。”

马云身上有着巨大的正能量，具备领导力的核心特征：提出大家都认同的愿景，并使用有效的激励手段。从创业的第一天起，马云就宣称，阿里巴巴会成为最伟大的电子商务公司，他也让部将们相信，公司上市时，会得到更多。在创业的前两三年，阿里巴巴的员工特别辛苦，待遇也不好。也有人抱怨，宁愿不要期权，多发点工资。马云的解决方案是，要有信心，我把我的股份稀释点给你们。宁愿割自己的肉也要将事情往前推进。

对马云来说，他喜欢的是唐僧的团队组合，而不是刘备团队的完美。在《赢在中国》中，他说：“今天的阿里巴巴，我们不希望用精英团队。如果只是精英们在一起肯定做不好事情。我们都是平凡的人。平凡的人在一起做一些不平凡的事，这就是团队精神。”

团队精神在我们看来，这就是企业正能量的一种表达形式。马云与18罗汉更多的是师生、朋友、伙伴关系。“不懂”网络技术的他提出愿景，业务与管理放手让部将去做。马云在使用一个人的时候，甚至一个团队的时候，他只是提出自己的战略构想和商业模式的架构，一切具体的事情其实就是充分的授权，老板充分的信任自己的下属，这也是一种企业的团队正能量。

在过去十多年里，除非出现欺诈消费者的行为，马云才亲自出面强调，企业服务与顾客的价值观不可碰触，任何碰触底线的行为都会是不允许的。这是个机制的问题，**好的机制能够产生巨大的团队正能量，而坏的机制则是产生负能量的源泉。**

团队正能量更多的意味着马云所说的左手温暖右手，在企业奋斗的过程中，特别是在创业的过程中，没有意外的力量来帮你。创业团队只有将事情做得足够好的时候，我们才能够得到资本和其他资源的支持。所以，在管理团队的过程中需要时时把握企业的运营气氛，创造一个让正能量生生不息的机制。

另外，在企业的团队管理中，一定不能让核心团队的正能量处于不断耗散状态，那样的话企业就危险了。虽然我们常说地球离了谁照样转，但是这会破坏核心团队成员之间的信任。这种信任是团队正能量的基石。没有信任，任何语言和行动都不能给企业的未来发展带来正能量。

在一个企业中，底层员工的来来去去是再正常不过的事情，但是核心员工的流失实际上是对企业愿景的否定，对于企业正能量是很大的破坏。所以维护好核心团队，是企业领导者最重要的责任。做好了这个工作，其他的事情才能顺利的推进下去。

企业个体能量的累积、爆发、调动和较量

心理能量不是客观现实，而是一个“心理现实”，也就是说是对某种心理经验进行符号化的产物。

人与人之间充满着友爱和互助，但更多的时候是激烈的竞争。有时竞争的压力，并非来自于同事之间对某一事物的相互角逐，而是来自于人与人之间的相互攀比。看到身边有人创业成功，就羡慕不已，甚至跃跃欲试。认为自己比人家还要聪明，比人家更能吃苦，坚信自己只要奋斗也一定能取得成功。

其实在企业中的人和在生活中的那个人是同一个人，所以无论是

什么角色，其心理活动是一样的。人与人之间为了生存和发展进行的生存竞争时时存在。在企业组织内，心理能量的调动就是一门比较重要的学问。善于调动员工心理能量的领导者都是激励大师，从古到今，能够激励一个群体，而非靠欺骗取得成功的人都是人中龙凤。

关于组织的正能量传达，一直是一个需要解决的问题。现在针对管理的探讨，多数是围绕着人展开的，更多的都是在解读人心。因为人心的向背决定着组织的生死。

机械性的管理学说逐步被人性化的管理学说替代是发展趋势。基于数理模型的管理分析不能解决企业创造性的问题。也许企业的正能量管理理论可以很好地诠释这样一个问题。事实上，创造一个正能量管理系统和管理理论非常重要。

现代宇宙学告诉我们，宇宙的总体能量是守恒的，它的能量来源于宇宙形成之初的宇宙卵。尽管宇宙卵大爆炸之后，逐步演化出了无数的天体星系，以及每个天体星系上的万事万物，但是整个宇宙的整体能量没有改变。所有的天体星系，包括人类意识在内的万事万物，不管是物质还是信息，都是由宇宙卵的起始能量转化而来，都是宇宙卵起始能量的载体和表现形式。

我们也知道，宇宙的发展历程也许就是宇宙间一切事物的发展规律。宇宙卵就是一个能量球。能量的累积、爆发、调动和较量都会遵循最大的宇宙规则。

一个企业的正能量首先来自于创业者的内心，我们认为不管什么样的企业，无论是新创办三五年的小企业，还是享誉国际的百年老店型企业，在当今的市场环境之下，其实都是创业者。以前的企业总是在强调创始人，现在创始人也需要转变为新的创业者，以适应不断变化的市场环境。

一个企业在创办之初，或者一个企业实现自己在价值链上的跃升，实际上都是在完成一件全新的事情。任何一个事业的起点都是个人在推动的，或者源于一个人的内心要做的事情的正价值的思考。

任何一个伟大的企业最开始的状态不过就是根植于创始人内心的一个正能量的小球，在任何事业的最初阶段，一种做事业的想法在内心酝酿，这样的过程其实就是心理能量的积累过程，这个积累的过程有时候时间很长，有时候时间很短。但是却是我们一切事业的本源。因为人世间的任何丰功伟业均成于一念之间。

我们之所以看重员工内心正能量的酝酿和积累，是因为我们需要将人们心灵里的正能量转化为实实在在的财富。将心灵的构想变成企业的行动，在企业中这是至关重要的一步。没有转化为行动的任何心理能量用市场价值的标准来衡量都是没有价值的。

按照国际的衡量标准，中国企业的创新能力是比较弱的。弱的原因在于管理的原则错位造成了个体创新能力的不足。我们在探讨个体创新能力的时候，会不会思考这样的问题——创新能力需要什么样的条件才能够达成？人才辈出的企业需要什么样的条件？肯定地说，这家企业一定是个充满正能量的企业。员工的心灵自由是创造的前提条件，我们没有看到一个心灵不自由的国家和民族能够在历史的长河中留下自己的位置。心灵自由是培养正能量的基础，管理的目的是做好事情，更深层次的目的就是让人获得心灵自由。

人才辈出的状态就是企业正能量的爆发状态。当拥有如此自由的创造环境的时候，这个企业没有任何理由搞不好。一个心灵自由的人看世界的方式是开放的，他们能够在体系中遇到困境的时候找到出路。一个心灵自由的企业群体能够站在一个更加广阔开放的平台之上去整合行业和跨行业的资源，完成企业组织的运营流程再造和创造，从而得到好的经营结果。

所以，一个追求心灵自由的国家肯定是一个发达的国家，一个追求员工心灵自由的企业肯定是一个领先的企业。一个充满正能量的国家拥有强大的软实力，一个充满正能量的企业能够集中行业内一流的人才做成一流的事业。

管制一个人容易，只要告诉他们这也不能干，那也不能干就足够了。但让一个人获得心灵自由却是有条件的，需要这个组织有着让人愿意做事的环境，这个环境包括硬件，更重要的却是软件。“我愿意”是知识型企业员工管理的最高境界。

让员工获得心灵自由，不一定能够获得在生产线上抽一皮鞭所能达到的直接结果，但是这就像太阳一样，产生核聚变是有条件的，企业正能量的爆发是有条件的。我们需要创造这样的一个综合条件，让我们的企业能够成为产生核聚变的恒星。关于一个企业如何才能够成为恒星，则是另外一个问题了，我们将在后文做更加详细的阐述。

恒星所在的宇宙中一定存在着本质的规律，这是我们需要将复杂的问题简单化的思考。那么个体心理能量的产生绝不是凭空而来的。一个员工的心理能量有大有小，有些员工注定只能成为围绕恒星的行星或者星际间的尘埃。

遗传基因信息是决定生命机体生长发育及性格长相特征的能量所在。而有效环境信息则是决定生命个体行为取向和职业走向的能量所在。遗传基因信息是宇宙长期演化的产物，我们无法改变一个人的本质，但是我们在企业中是可以挑选人的。

一个企业如何去挑选人，则是企业正能量的调配过程，因为人是企业正能量的载体。包括人类在内的任何一种生命本身都不能创造信息，它只能从环境中接收信息，并与所处的生存环境不断地进行信息交换。一个生命如果不能与所处的环境进行相关信息交换，就会被环境所淘汰。信息和知识本身如果没有事业正能量的支撑，就无法转化为对企业有利的正向价值。

信息和知识本身不能转化价值，员工只有在自身正能量的指导之下才能成功的转化为动机和可执行的行动。所以企业不是寻找有知识的有信息的人，而是选择有着心理正能量的人。知道了这一点，我们就能够了解如何为自己的企业选择合适的伙伴。

人才辈出的机制很重要，也就是员工心理正能量在适宜的条件下被激发了出来。心理能量促使人意识到自己的需求和主体性、驱使人采取适当行为的冲动、勇气、意志力及各种特征的情绪、感情等心理力量。

在这里，我们想提出一个概念——**企业管理摩擦系数**。这是关于企业管理过程中，企业正能量的耗散概念。在一个企业中，很多不同类型的人组成了群体。群体中人配合的完美程度实际上决定了企业的运营效率。

很多企业制定了复杂的流程，不是企业不需要复杂的流程，而是不同类型的企业需要不同的流程，一个企业的流程管理原则生搬硬套到另外一个企业中，这是肯定要出问题的。有些企业是解决问题优先的，而且要快速解决问题的，那么就不适合复杂的流程。比如，一个公关公司在危机管理项目中死守流程的话，等什么行动方案都制订好了，走完了复杂流程，那么这个事情可能就已经延误了最佳的处理时机。

只有那些恒定的生产质量的制造系统才需要复杂到位的精细流程，精确管理也主要是针对这样的企业。恒定的生产质量管理要求执行过程一成不变。如果变了，就意味着对生产的产品质量结果失去了控制。

对于创意型的知识产业而言，保持企业的正能量是无比重要的，因为创意的质量系于人心。一个创意型的知识员工如何面临最小的管理摩擦系数，是我们管理的一个重要的假设。所以，企业在管理过程中需要不断地将企业运行的车体涂上润滑油。

企业的管理摩擦力过大，就会阻碍企业的正常发展。一个正常的事情经过多方扯皮以后就会偏离原来的方向。企业正能量和负能量产生了强烈的对冲，热力学第二定律上讲的一切物理过程都具有方向性，不可能使热量由低温物体传递到高温物体，而不引起其他变化，热传导是有方向性的，所以在选择项目负责人的时候，需要考虑这个人身上的正能量的大小。

领导者的本质就在于激发周围所有人身上的正向的价值能量，尽管在一个企业中，这种正负能量的对冲在所难免，但是在企业的总体运营上，绝不能够让负面的能量影响和笼罩整个企业。你不可能去影响一个负能量很大的人，这些人一般情况下表现为对企业最根本的价值观不认同。

所以，如何应付组织中正负能量的对冲，并保持企业蓬勃向上的活力，是一个值得研究和需要解决的问题。

能量输导：解放企业人的灵魂

有一种力叫做概念力。实际上就是一种对复杂事物的认知能力。从能量的角度来讲，就是企业的价值观能量对外传导的形式，内在的心理能量外化，最终能够影响大众。国家品牌，企业品牌和个人品牌实际上就是能量传导性的一个结果。

中国在国际上的影响力实际上是有限的，不是我们教科书上传播的那样大，原因就是我国在国际上传播国家正能量的能力是有限的，这里说的可不是政治，而是对于世界未来的发展缺少概念性的价值引导。这种价值引导首先基于前瞻性的构想和传播。正能量这个东西，从国家层面角度看，我国如果是不断输出思想和价值观的国家，那么我们这个国家就是有着强大的能量传导性的，也就是像太阳发光发热一样，不但能够引导国内的民众，也能够逐步影响世界，增强我们国家的软实力。

实际上，我们在写这本书的时候，主要将激发正能量的想法集中在经济领域。我们在观察一个企业员工，一个企业和一个地区经济的时候，总是将他们放在一个开放的体系中，而不是一个封闭的体系中。

商业文明是开放的，封建农业文明是封闭的。这里拿两个文明做对比，相信能够找到企业发展对外传输正能量的本质。

文明的灯火首先根植于一个地区民众的内心。在企业中，发展的动力同样也蕴藏人们的内心之中。封建农业文明解决问题的方式是向内的，在需要寻求资源的时候，总是想到在体系内部去寻找，甚至去抢夺；我们在观察一个封建社会模型的时候，就会发现这样的现象，实际上这是一个**闷罐系统**。站在体系之外来看的话，这个闷罐系统肯定是死气沉沉的。在封建体系中，皇帝总是想着自己的家天下，家天下的本质就是占有一切资源，一切东西和人都是属于皇帝的。封建体系的死气沉沉，决定了这个国家必然是一个没有正能量的国家。因为一个人无论再怎么努力，都摆脱不了被封建王权宰割的命运。

在封建的文化体系中，人们的心理能量是压抑的，得不到自然的释放。心理能量有两种“不正常的”运动，在这两种情况下它被固结而不能自然流动。第一是被压抑，第二是“沉溺”。在这两种情况下，心理能量没有能够自然地释放，于是带来了人自身不畅快的感受。

这种不畅快的感受压制了人们的创造力，压制了人的灵魂，所以我们认为找到了封建王朝生产力低下的本质原因。

换成一个企业，我们会做同样的分析。首先，用社会发展的模型来分析企业，这个企业的体系处于哪个社会发展阶段，是奴隶社会、封建社会、资本主义社会还是其他什么未来的社会形态。如果这是一个典型的封建的封闭系统，这个管理体系就不可能具有创造力，因为个体在系统中行为被压制，内心也就没有办法积蓄正能量。**企业内的皇帝一般只会给员工一个出口，忠我者留，逆我者走。一个企业内部创造的多向性和多样性被压制的时候，不要指望企业有什么创造力，也不可能带来什么发展的奇迹。即使有了暂时的增长，也不可能做到永续经营。**

企业管理的目标是完成一个企业目标和企业愿景，但是在微观管理上却是去解放一个人的灵魂。不管什么样的企业，都需要遵循这样一个基本的原则。

我们觉得在本书中的很多的管理原则都做了前瞻性的假设，管理原则需要去做改变，基于管理的假设也需要去转变。这个转变是趋势，作为一个先进国家，必须在**概念力**上首先突破。

基于企业心理正能量的管理原则不再是控制人和管制人，而是支持人和发展人，**管理的终结目标是解放一个人的灵魂。**我们解放了一个人，也就释放出了一个人的创造力和生活热情；我们解放了一个团队，我们就能够打造一个具有竞争力的企业；同理，我们解放了一个民族和国家，我们就能够看到一个先进国家的真正崛起。国家管理和企业管理在本质上是一致的。压制人性的体制怎么也不可能造就一个敢于领先的企业、敢于领先的民族。

敢于领先的人一定有着强大的灵魂，敢于领先的民族一定是一个强大的民族。敢于领先是一个民族的气质，也是一个民族长盛不衰的正能量。

企业在发展的过程中，外部经营环境一直在变化，如何跟上变化的环境是企业发展的核心问题。那些失败的企业，不是因为自己不行，而是自己在发展的过程中逐步被环境淘汰了。就比如在四季转换的过程中，一个人在冰天雪地的环境中还穿着夏天的衣服，是要被冻死的。不适应环境的企业，大体上也就是这样的类比吧。

现在的经营环境和以往的经营环境不同，在 20 世纪 90 年代以前，办个企业，生产些不符合质量标准的产品也能够赚钱。但是到了现在，企业必须有着整合价值链的能力，并且把握价值链上的重要环节才能获利。在以往的传统的企业管理中，你必须依赖于你的生产线，将产品生产出来投向市场，或者能够凭借公司的战略资源，整合好价值链上的公司，然后建立一种类似于**企业联邦的共和体制**。目前，中国企业在发展道路上可能只是在这样的发展思维上徘徊，能够控制价值链，实现价值链共赢的企业也是凤毛麟角。

管理结构的问题决定了企业在管理中到底需要什么样的员工，以往的企业管理中，我们需要一个听话的螺丝钉。固定的按照指令走就可以了，以至于企业家说我们本来只是想雇用一双手，但是无奈却雇用了一个人。他们认为企业中员工的思考是没有多少价值的。这样的管理思想现在在组织中还在大行其道。这样的企业是没有什么正能量的，往往是产业链中最低端的企业。管理体制在几次迂回之后最终还是能够决定企业的命运。

没有一种管理体制是长治久安的，现在的企业处于一个和以往完全不同的经营环境，企业管理的不再仅仅是管理自己的员工了。**如果**

现在一个企业家还认为企业管理就是管理自己的员工，那就犯了一个本质性的错误。一个现代企业不仅仅影响自己的员工，也需要影响自己的顾客，更进一步，一个企业不仅要管理自己的员工，也要管理和引导自己的顾客。现在任何一个企业都是公众企业，任何一种企业价值都需要企业和自己的顾客来共同完成。这就是面向未来的企业生存和发展新法则。

企业就是引导大众，用产品和服务去解放顾客的心灵。

企业拥有的正能量能够去影响大众，在企业中，员工在心理能量自然释放的时候，我们会有相应的情绪，总体上在这时会有一种畅快的感受，即情绪得到了宣泄的畅快感。即使我们当时的情绪是消极的，如果自然的宣泄了，人也会有一种畅快感。在企业中，员工的心理问题解决了，也就能够更好的投入工作。

同样的道理，顾客喜欢你的理由就是企业存在的理由，也是企业价值存在的证明。企业靠什么来影响大众，主要就是靠向大众去推介一种健康向上的生活方式，而不仅仅是自己的产品和服务。企业给自己的员工发工资，员工获得自己的劳动报酬，这是正常的，但是企业不可能给自己的顾客发工资，因为顾客是企业外的合作伙伴。我们用什么来影响他们？只有用企业的价值观和产品附带的虚拟价值。企业用自己的思想来影响大众，成为未来占据市场地位的一个重要的能力，没有这样的能力，就不是一流的企业。

个体能量聚焦性：核聚变能量威力无边

这个宇宙的规则是什么？现在没有人说得清楚。但是有一个规则却是肯定的，那就是小和大之间的关系是可以转化的。宇宙一开始就是一个能量卵，然后在宇宙大爆炸中，产生了浩瀚无垠的宇宙。宇宙的规律给我们的启示是：如果一个有价值的事物，哪怕在一开始是多么的不起眼，也能够变成一个伟大的事业。

并不是每一个小的事物都能够成为一个宇宙，因为初始的宇宙能量卵具备爆发成整个宇宙的一切内在的基因。同样，我们回到企业的发展规则，就知道了企业发展的一般法则，企业领导者的内心境界实际上是这个企业能不能爆发的前提条件。

企业领导者当自己还处在创业之初的时候，就明白自己做的事情到底是什么，因为在前言中，我们已经说过，一个企业的发展不会超越领导者的心灵。心有多大，世界就有多大，这是一种有条件的宇宙规律。所以了解到能量爆发的条件，也就知道了企业发展真正的力量所在。

企业运营能量的核聚变来自何方？肯定是创新。德鲁克说，企业的使命就是营销和创新。中国企业对于营销的意义都是理解的，营销是企业的根本任务，但是企业对于创新的价值就理解不透了。正是对于创新价值的理解偏差，才造成了企业大面积的经营困境。

创新来自何方？这里先说一个题外话，中国科学院院士陆大道先生在一次区域经济发展论坛上说，区域经济的发展永远是不会平衡的，在区域格局的发展中，总会形成经济高度发展，人口高度集中，人才高度集中的核心都市圈。这些人财物聚集在一起，产生了精细的分工体系。同时，聚集可以产生区域的热点。热点是产生经济核聚变的前提条件。

我们的企业能不能创新，关键是企业能不能形成热点，形成一个产生人才聚变的环境。

太阳的能量来自它中心的热核聚变，产生可控核聚变需要的条件非常苛刻。太阳就是靠核聚变反应来给太阳系带来光和热，其中心温度达到1500万摄氏度，另外还有巨大的压力能使核聚变正常反应。

核聚变是指由质量小的原子，主要是指氘或氚，在一定条件下，如超高温和高压，发生原子核互相聚合作用，生成新的质量更重的原子核，并伴随着巨大的能量释放的一种核反应形式。原子核中蕴藏巨大的能量，原子核的变化（从一种原子核变化为另外一种原子核）往往伴随着能量的释放。如果是由重的原子核变化为轻的原子核，叫核裂变，如原子弹爆炸；如果是由轻的原子核变化为重的原子核，叫核聚变，如太阳发光发热的能量来源。

目前人类已经可以实现不受控制的核聚变，如氢弹的爆炸。但是要想令能量被人类有效利用，必须合理地控制核聚变的速度和规模，实现持续、平稳的能量输出。科学家正努力研究如何控制核聚变，但是现在看来还有很长的路要走。

在物理学领域，我们知道核聚变的能量来源，这样的能量来源于原子核的内部，而不是凭空产生出来的，它蕴含在轻核内部的能量。企业在管理过程中，需要一直发展人才，因为我们知道，企业的发展机会在人身上，在人才的心中，管理的目的就是要将人心中的正能量转化为企业的发展正能量。

对于人才团队，如何去管理呢？实际上唯一要做的就是让他们聚集聚集再聚集。当我们将人才压缩到一起的时候，最后他们之间会完成心与心的交融和碰撞，产生创新的新思想和行动，让我们看到一群平凡的人如何去完成不平凡的伟业，从而产生了物理学上核聚变相类似的能量爆发效应。我们要做的事情就是将高端的人才放在一起，让他们碰撞，产生我们期待的结果。

创新可分为不可持续性和可持续性，核聚变也分为可控的核聚变和不可控的核聚变。企业经营是一个连续的过程，所以不是一次性的不可控的核爆。企业要做的就是在自己所属领域内不断完成核聚变放出光和热的恒星。

经济发展的核心是人，经济增长的因素可以是单纯的低端放量式的增长。发展是正价值，经济增长则可能是负价值，因为边际的破坏性远远大于企业得到的东西。企业得到一万元，却让社会付出十万元成本的发展模式不可持续。企业需要告别单纯放量式的增长，而必须注重自身发展的竞争力和客户价值的贡献。

> 核聚变能释放出巨大的能量，但目前人们只能在氢弹爆炸的一瞬间实现非受控的人工核聚变。而要利用人工核聚变产生的巨大能量为人类服务，就必须使核聚变在人们的控制下进行，这就是受控核聚变。
>
> 人们现在还不能进行受控核聚变，这主要是因为进行核聚变需要的条件非常苛刻。发生核聚变需要在1亿度的高温下才能进行，因此又叫热核反应。可以想象，没有什么材料能经受得起1亿度的高温。此外还有许多难以想象的困难需要去克服。尽管存在着许多困难，人们经过不断研究已取得了可喜的进展。科学家们设计了许多巧妙的方法，如用强大的磁场来约束反应，用强大的激光来加热原子等。可以预计，人们最终将掌握控制核聚变的方法，让核聚变为人类服务。

企业的发展就需要可控的核聚变。在人才群体的核聚变型的创新上，有些企业做到了。3M 公司就是一个能够持续创新的公司。其实企业如何激发员工的心理能量，需要创立一个机制。

鼓励创新，为人才的创新创造一个宽松的环境。容忍失败，鼓励员工勇于做领先者。这个文化需要贯彻到企业内核中。这样就形成了一个创新竞赛的局面，人们的智慧能量就会形成一种对创新的沉溺。这是一个很好的事情，正是这样产生的心理能量，是流动的，没有或极少受阻碍，也没有和某种特定的本能结合，更没有和某种具体的情绪结合，表现出的是比情绪更原始的状态。这种心灵的外来压制就比较少。实际上，这就是我们对自己的生命意志的直接经验以及表达。

当我们进行竞赛的时候，我们的竞争本能被激发。于是我们兴奋、激动、紧张，而且变得跃跃欲试，我们会从事竞赛而且获得快乐。心理能量最常见的基本形式就是进取的能量。

心理能量被激发后，由潜在的能量变为现实的能量，就有了基本的形式。被激发的心理能量，可以表现为多种形态，比如兴奋、激动、唤起，一种内驱力或动机，很重要的一种形态是情绪。心理能量表现为情绪时，情绪的量就是这个心理能量大小的表征。

如何能够让一个企业持续的完成创新，是一个值得我们思考的问题。我们在本书中所做的很多研究和思考，实际上就是遵循了从个人心理能量的视角来看待企业的经济发展。从个人的心出发，而不被宏大叙事的做事风格所误导。这才是后信息时代我们应该把握的管理本质。

企业管理的原则，本质就是将企业的人才群体放在一起，去除他们之间的隔阂，让他们自主的实现相互间的碰撞和交流。就像核聚变中的一个氦原子和另一个氦原子之间的激烈碰撞，创新就在这种碰撞中自然而然的产生了。因为我们不知道我们能够做出什么样的创新，但是我们一定能够获得适应于未来的创新。

在商学院的 MBA 课堂上，教授们向没有经验的大学生讲述商业课程。管理大师德鲁克就曾经拒绝了哈佛商学院的邀请，因为德鲁克不愿意给没有经验的学生上课。他认为他们还不是人才的群体，没有经过实践磨砺过的人不懂得商业的真正含义。德鲁克推崇 EMBA 课程，因为 EMBA 本质上就是将人才群体放在一起，形成一个人才间的碰撞体系。这个课程的特点就是同学之间的横向交流要优于老师们的理论说教。**产生核聚变的价值就是将真正具有内驱力的人放在一起，你根本就不知道他们会做出什么样的丰功伟业，但有一点可以确定：他们一定能够做出丰功伟业。**

企业正能量存储：史玉柱东山再起的启示

我们在本书中进行案例分析的时候，会选择我们认为比较合适的案例，希望企业的经营模式能够符合中国的国情，也能够符合国际主流的商业价值。尽管史玉柱本人和他创办的公司一直是人们争议的焦点，但是我们觉得从心理能量的视角可以很精彩的来看待史玉柱的发展历程。

史玉柱是一个典型的中国式富豪，在中国企业家中，他有着处于第一方阵的影响力。但从企业正能量的角度来说，从全世界的企业发展的横向比较来说，我们认为史玉柱并没有创办出一个有世界级影响的企业，另外，从个人心理能量的角度来说，我们认为他是心理能量最强大的人之一。研究史玉柱的发展历程，就会知道如果一个人的心理正能量被激发出来以后，能创造出多么大的商业价值。

史玉柱是一个不断实现自我心理能量积累的营销大师，也是最典型的中国企业家。

其实就史玉柱操作保健品项目而言，还是很优秀的，当年在珠海，巨人脑黄金就创造了国内销售的神话，鼎盛时期每月能够回款几千万元，如果不是资金相互拆借的话，只要几个月，史玉柱就能还清做巨人大厦留下的债务。

史玉柱在珠海巨人大厦栽了以后，来到了江苏江阴这个县级市，谋求东山再起的机会，此时批评史玉柱和他企业的舆论一浪高过一浪。当时媒体的看法其实也是有失偏颇的，他们认为史玉柱在保健品行业吃了那么大的亏，不能再从这个行业下手了。甚至认为史玉柱身上有某些负面的人格特质，不是创业和做事业的好料子。

实际上，史玉柱认为，自己在这个行业已经投入了上亿的学费，现在自己已经是这个行业的顶级专家了，不做保健品，还能做什么呢？而且，自己现在身上也没有什么钱，这个行业很有弹性，主要靠一种内在操作经验来实现东山再起。

史玉柱出走江阴的时候，身上已经所剩无几，还欠了近3个亿的债务，那时的起点根本就不如一个普通人。

脑白金起家的50万元资金，还是上海的一个朋友借给他的。50万元人民币算什么？很多中产者都能拿出50万元来。不同的是这个钱在史玉柱手中，那就是引爆资本的原子弹，他就能够玩转一次核爆炸。

“脑白金”上市以后，通过大规模、密集性的广告攻势，迅速填补了国内保健品市场行业低迷后的市场空当，风靡全国。到2000年，单品销售额超过了10个亿，员工发展到数千人，史玉柱在全国建立了200多个销售网点，此时企业规模超越了鼎盛时期的巨人集团。而在这个飞速发展的过程中，企业资金运行良好，现金流非常好。这体现了史玉柱出色的学习能力和执行能力。

近几年，靠网游和地产赚得盆满钵溢的史玉柱，其新的白酒生意已经在全国铺开。与五粮液合作“黄金酒”只是突破口，在白酒行业普遍不景气的背景下，现金充沛的史玉柱正准备“大开杀戒”。史玉柱说：“我们最不缺的是钱，我的目标是主动觅食以求过冬。”“未来年销售目标为50亿元。”

史玉柱做生意，用他自己的话说就是“试点不能快，推广不能慢”，进入白酒业也是如此。史玉柱与五粮液集团合作的保健酒“黄金酒”正式上市。因为白酒市场的格局基本没有变化，新兴的全国性品牌只有金六福一个，经过四年多的调查，他们终于找到了“礼品酒”这一市场“蓝海”。

其实这次进入白酒行业，就是复制了“脑白金”的操作理念。关于这个案例的操作已经成为商学院的经典案例。

在史玉柱能够东山再起的深层分析中，我们发现人的心理正能量的真正价值所在，那就是印证我们在本书的关于心理正能量的价值分析。事业的起点是人而不是其他，我们需要在自己的事业发展过程中找到像史玉柱这样充满正能量的人，才能够创造奇迹。

个人的心理能量是能够存储和不断积累的，失败是成功之母，大体上也是这样的意思。我们在工作中获得的经验和智慧，都会增加我们的心理正能量。当这样的正能量和一个适宜的事业结合在一起的时候，就能够做出一番事业来。

所以，今天看来，很多企业家哭着喊着缺钱，我们就不以为然，其实企业最缺的还是系统的心理能量，这些企业之所以喊缺钱，最根本的问题就在于不能认识到人的智慧和心理正能量才是经营的本质。如果这些企业家善于学习的话，很多经典的营销案例可以直接拿过来就用。

企业在选拔人才的时候，就需要找到这样的人：**激情满怀、勇于任事、思想开阔、富有远见。他们不仅自身充满活力，而且有能力带动周围的人。他们能够提高企业的生产效率，同时也让企业的经营充满情趣。**

对于一流人才的使用评估标准，不是我们的原创，而是通用前总裁杰克·韦尔奇的观点。那些身上储存着巨大正能量的人就是我们企业内的发动机。

史玉柱这个人和一般的企业家不一样，他具有非常强的学习能力。在脑白金的案例中做过很多的分析。史玉柱的观念从一开始来说并不是很完善的，但是经过一系列大策划以后，他结合自己的学习能力很快就转变了自己的观念，建立了属于自己的一套营销体系。靠着这样一个先进的营销体系，他将一个不怎么被看好的产品做得风生水起。

企业家和企业员工最关键的一点就是你自己需要有自我更新的勇气，不然实践已经证明的好东西放在你的面前，你也认识不到。一切行动的起点在于企业家的心理正能量。正确的战略贯彻执行下去，企业就会在市场上取得最大的成果。

观念是活的，也是死的，发展个人心理正能量的方略，东西并不是很多，凡事多做正向的思考，不断地存储自己的能量，这需要成为你自己身体的一部分。这些看似简单的东西，却是企业发展真正的法宝。

第二章 公司正能量生成的内外环境

心理能量场存在于每个人的周围，不同的人有不同的生活环境和人际关系网，因此每个人心里都有各自独特的心理场，在一个狭小的空间范围内不同的心理场会彼此影响对方的心理。企业主导情绪的调节是现代企业领导者一个主要的管理课题。这个调节应该是一个系统的技术课，我们在寻找这样的领导技能的时候，可以看一下心理咨询师们是如何解决这样的问题的。对于组织的员工施加正向的能量影响，企业家和领导者最要懂得的是员工和顾客的价值观的变迁。把握了这些，就能够用适当的策略去引导他们。

企业信心和愿景是正能量的源泉

在分析中国企业案例的时候，我们将视野放在了全球企企业管理的前沿，从纵向和横向来全面分析问题。宏观的分析很重要，它让我们看到了世界经济发展的全景，但是在做具体企业分析的时候，我们觉得最好的视角还是个人的内心，以及他们内心中正能量的来龙去脉。

在企业的经营之外，人们在生活上也提倡具有正能量，这当然是应该的，一个人如果一直对别人讲自己的不幸，第一次人们会抱着同情的心态来对待，但是三次五次之后，是朋友都可能会远离，因为你的身上蕴藏着很多负能量，结果不但你不快乐，别人的生活也会变得阴郁起来。这样的人在我们的生活中总会遇到几个。这样的人在生活中充当的就是“怨妇”的角色。

一个拥有心理正能量的人，知道如何调节自己的情绪。我们不仅需要了解自己内心的正能量的本源，更需要调节企业中的正能量，让这种正能量能够成为企业组织的主导情绪。

企业主导情绪的调节是现代企业领导者一个主要的管理课题。这个调节应该是一个系统的技术课，我们在寻找这样的领导技能的时候，可以看一下心理咨询师们是如何解决这样的问题的。对于组织的员工施加正向的能量影响，企业家和领导者最要懂得的是员工和顾客的价值观的变迁。把握了这些，就能够用适当的策略去引导他们。

尽管我们做事必须做到超级真诚，但是在组织的运营中需要一些善意的策略，以使员工对于自己的事业有信心，从而努力避免企业被一种负面的情绪所覆盖，一旦企业中的人心处于风雨飘摇的时候，那对于企业软实力的打击是很大的。

现在有人提出了能量疗法的概念，实际上就是要求学员多思考正面的，多做让自己开心的事情，不要去钻牛角尖，将事情整体做到平衡和完美。不仅在工作上保持热情和活力，也能够保持整个生活的平衡。这种平衡本身也能够不断地扩充和存储正向的价值。

能量疗法的作用：平衡身体能量，攀向健康、快乐，保持活力，使自己处于有系统而开放的状态，有意识地处理自身的能量，以获得更健康的身体、更敏锐的头脑以及更喜乐的心灵。

医学与治疗方面的改变在我们身边都在发生。我们的社会尊重这种身心能量观的趋向与能量医疗，越来越多的人对此领域感兴趣，而且愿意尝试另类疗法治疗疾病。思想与情感对肉体的影响之相关调查与研究与日俱增，心灵颓唐的同时也保不住一个好身体。实验结果再三显示，整体的身、心、灵系统才是对人类最正确的描绘。企业不能只关心员工的工作，而不关注他们的内心，因为这样的员工，在负面行为和信息的影响下，不可能保持长久的热情。

社会心理学中著名的沙赫特实验最能说明这个问题：被试者被注射了肾上腺素，从而有了生理上的激起。这些被试者中，有些被安置到了一个令人快乐的环境，有些被安置到了一个令人愤怒的环境。

实验结果是：那些到了快乐环境的人，表现得比其他没有受注射的人更为快乐；那些到了愤怒环境的人，表现得比其他没有受注射的人更为愤怒——情绪虽然不同，但是情绪的强度却都有增加，也可以说心理能量都有增加。

我们可以看到，这个过程和我们关于心理现实的观点是一致的：当生理上有激起的时候，只要不曾被压抑，我们必定会有相应的经验。

但是，我们如何解释这个经验，则是一个符号化的过程。沙赫特实验中，被试者被安置的环境不同，影响到的就是被试者的认知，不同的环境诱发了不同的认知参考系，从而使得最后产生的心理现实情绪有了不同。但是不论我们如何解释，生理唤起存在的经验是不可否认的，对这个经验的直接感受则构成了另一个心理现实，即心理能量。

沙赫特实验说明了在企业中保持正面情绪的重要性。因为企业信心和愿景是正能量的源泉，在企业组织内建立健康向上的人际合作关系至关重要。

企业员工对于企业的信心实际上回到微观的环境，更多的在于企业领导者的影响力，至少能够保持核心团队成员对于领导者的信心。一旦核心团队成员对于领导者的信任消失了，那么企业在心理能量上就会进入一个螺旋下降的通道。所以企业的衰败往往就是企业领导者的衰败。企业心理能量不足，或许是核心团队对于领导者缺乏“信任”，从而怀疑企业领导者能够做出正确决策的能力。

一旦企业领导者失去了对愿景的描绘能力，也就不能激励他人了。所以不管什么样的企业，都需要一个热情洋溢的领导者，做不到这一点就成不了一个好的领导者。作为任何组织的领导者，如果失去最亲近的跟随者的信任，或者高管层出现了持续的动荡，那么这个企业离失败也就不远了。

以前，企业的领导者就是一个纯粹的控制者，因为这些企业处于产业链的低端，员工的人文素质不高，他们对于自己为了什么活着这样的哲学性的思考很少，这样的企业管理简单高效，甚至可以说是粗暴。员工为了生存，即使受到不公的待遇也都会忍气吞声，因为员工的需求层面是比较低的；但是在物质丰裕的时代，受过基础教育和高等教育的员工越来越多，此时，企业的管理模式就需要因人而变。如果还坚守原始资本主义的疯狂压榨剩余价值的管理方式，则一定会遇到管理失败。因为这割裂了企业愿景和员工之间的联系。企业愿景是老板一个人的梦想，一个人的事业，而不是所有人的事业。

如何重塑企业的信心，就需要领导者首先将员工作为一个完整的人来看待，而不是自己的助手。领导者必须使用一个完整的人，而不是他的所长。要学会如何使用心理正能量去融合他们，而不是去防备他们。至于如何去激励自己的团队，我们就需要更多地去看看那些在前面做得比较好的企业家是怎么样去做的。

信任是企业力量的源泉，因为只有无间的心灵才能派生出高效有节奏的行动。企业领导者最伟大的工具其实就是诚实，不要认为自己身边的人智商都不如自己，一个不诚实的领导者在一段时间之后就会失去员工们的信赖。失去别人信赖的人不可能完成一项高标准的事业。记住，信任永远是一个组织心理正能量的基础。

企业能量来自于企业人健康的体魄

我们很少看到一个肌肉发达但是个性懦弱的人。因为肌肉可以改变人的思考方式，使其能应付更多的挑战。肌肉其实就是一种雄性的特征。男人不排斥智慧，更不排斥拥有一身健美的肌肉。一个开放式的个性的人需要具备基本的身体素质，具有一定的攻击和防御能力。因为有能力保护自己的人才能在一个开放的体系中生存。

人类进入文明时代的时间并不是很长，所以我们在行为上很多东西是刻在基因里面的，人类个体和个体之间的斗争一直就没有停止过。在过去的几百万年里，人与人之间的较量多数都是靠体力来完成的。在原始的部落里，一个体力不支的人很可能就是一个竞争中的落伍者。

所以我们在谈及组织的正能量的时候，不能不注意到企业员工的身体健康情况。因为一个人心理能量的大小可以看做是心理正能量的源泉。那些高大壮硕的人在竞争中就具有比较好的竞争条件。虽然这不是靠肌肉获得成果的时代，但是却还是靠肌肉获得心理能量的时代，因为几百万年的进化史不会在短时间内发生改变。通过锻炼出出色的体魄，然后改变内在的想法，一个精力充沛什么事都想尝试的人显然在组织中更能胜任发动机的角色。

很多人将健美的锻炼看做是增强体质的锻炼，实际上健美是一种修炼身心的运动，不仅能够带来性感的体型，也能够促进内在意志的强化，在气质上变得更加坚毅。运动就是苦乐相伴。坚持的辛苦，训练的艰苦，以及对身体、心理的极限挑战。

一个人了解自己的性格并不难，想改变却并不那么容易。正所谓禀性难移，但“难移”并不等于绝对不能“移”。心理学研究表明，不同的运动项目，对心理所起的作用不同。通过针对性的健身运动，可以改善人心理和精神状态。

参加户外探险的人谈到，运动体会是——对人的价值肯定、对人的自信与尊重的肯定以及对一切束缚的挑战。这就不难解释，有多少经历户外险境的人，都会有着醍醐灌顶的感悟过程——对人生、生命的恍然大悟。

壮硕的身体能够带来生活上的阳光和自信，也能够向外传递自己的生命活力，给人以一种生命的正能量。好的身体条件，健康的身体能够自然的透出自己的活力，在人际交往中，不仅能够获得异性同事的青睐，因为健康意味着具有更加强大的生育能力，在进化上占据优势；同时也能够增加个人魅力，获得同性的支持和帮助。因为人总是远离病快快的人，在整个进化史上，这似乎已经成为自我保护的本能。

体育锻炼是一种社会活动，人们在体育运动过程中，不仅能够锻炼身体，还可以促进社会交往和增进友谊。有句话说得好："运动本身，预示对衰老、他人的虚弱、人际间的责任、各种各样的弱点以及缓慢而乏味的生活过程，给予一种青春少年式的拒绝。这时，运动帮助我们发出内心深处最有活力的声音，这声音让时空停滞在某一个点，我们感觉最舒服的点。"

很多领导者都是通过运动来保持自己旺盛的斗志的，这是一种有意识的心理正能量的蓄势过程。在运动过程中实现了身心统一。

万科地产董事长王石就是这样的一个运动者，在过去的十多年当中，他一直就是一个积极的户外登山者。在这位已经年近六旬的人身上，我们找不到中年晚期的颓唐，很多时尚类的杂志都将他刊登在封面上，并且送给他"时尚先生"的称号。媒体将他称为"男人中的男人"，这种外界的肯定，王石虽然嘴上说不在乎外界对于他的看法，实际上这是一种心理正能量的输入，他自己也会一样认为，自己是中国企业家中"男人中的男人"。万科不仅仅是一个地产企业，因为王石的时尚性感的外界形象，我们会认为万科建造的房子也是时尚和性感的。这就是企业心理正能量的一种对外输出。虽然登山是一个个人的行为，但是传达出去的信息却是对企业内部和自己的顾客都有正向的心理影响。

同样，我们也可以看到，俄罗斯总统普京也是这样的一个人。他开飞机，他与跆拳道选手对练，他愿意在公众面前秀出他的健硕的肌肉。让人觉得这是一个健壮的有决断能力的领导人。同时也向全世界展示俄罗斯不是一个软趴趴的国家，这个国家实际上充满了活力，因为领导人是这样的阳刚性感。他秀出的肌肉实际上也是这个国家的肌肉。

生命在于运动，因为运动可以改善自己的体质，改变这种体质的同时也重塑了身心。企业领导者，或者组织中的人，都需要保持运动这一习惯去改善自己的身心。只有有了好的身体，后面所有构建的生活才是有完整意义的。

企业领导者不仅仅是他自己，他也是一个群体的领袖，所以他的气质改变了，整个企业的气质也就跟着改变了。一个精力超凡的领导者，能够更自如的带动自己的运作团队去冲锋陷阵。

我们在企业运营的过程中，不加区别的对待员工其实是一种管理错误。对于核心团队成员的沟通，尤其是形成了默契的搭档型的管理组合，这样的关系其实无论是对于同性还是异性来说都是一种缘分。

我们在企业管理的过程中，领导者如果能够体味到运动精神的精髓，那么就一定能够做一个好的领导者。对于核心团队成员的领导，很像一种马术，马术不仅能够带给人一种优雅，也能够带给人包括与人互动的所有沟通和情感元素。

佳美口腔连锁刘佳就是一个运动型的企业家，他特别喜欢运动，而且每玩一样都能够玩到极致，拿了一屋子奖杯回来。他喜欢击剑和马术。其中给自己感悟最深的就是马术。

刘佳认为：骑马不是你想到哪儿就到哪儿，而是要想马所想，从思维上让自己变成一匹马。马术的复杂性在于你必须借助伙伴——马，来完成整个任务。不论你有何种才能，或者超常的贵族气派，但是，在马跟前人人平等——你只是和马保持亲密关系的骑手，必须爱它，驯服它。最后，在马的帮助下取得胜利。

在所有体育运动中，马术最难掌握。它不但能培养骑手勇敢、顽强、敏捷和在复杂环境下迅速判断方位的能力，而且能培养骑手善良、潇洒、温文尔雅的性格和风度。这是名副其实的心理状态上的贵族运动——尽管越来越多的人买得起普通赛马，但是该运动对心灵要求程度之高，超乎常人的想象。

刘佳也认为，马术会让人的行为变得非常理智。对于焦虑的人，由于马的存在，他必须克制自己的脾气；而胆小者，骑马可以带给他勇气。因为人的身体和马紧密相连，双方的每一个动作，每一次呼吸都能彼此感觉，所以，人和马的和谐成为重点。马的习性是顺其自然，从无怨言；人也是一样，不顺的时候就要顺其自然，该干什么就把它干好。

马术训练对职业也有帮助。通过骑马，可以锻炼一个人的沟通能力。如果长期接受这样的训练，骑马者会变得协调能力超强，能够成为最好的合作伙伴，也能成为最好的领导者——因为他，总是能站在他这一边。

在马术障碍赛中已形成规矩，有可能运动员被马摔下，也可能马儿无法跨越障碍。但是，运动员一定会忍住伤痛，带着已经失败的马再次跨越障碍。不能因为这次失败就伤害马的心灵——伴随马左右的骑师必须帮助马走出阴影。

在这种运动当中，企业家和其他立志成为一个领导者的人必须锻炼自己的身体，用修炼和体验来继续自己内心奋发向上的能量。刘佳对于马术的体验包括了一切为人和共事之道，这些经验和心灵深度的触动，不仅在管理企业的过程中，能够触摸到自己的灵魂，也能触摸到合作伙伴的灵魂。对于保持团队的热情和稳固性，心灵体验能够促成团队成员人与人的交融。

我们将企业家和领导者的身体单独写出来，就是要鼓励人们去努力造就和养成一个健康的身体。因为身体是心理能量的物质载体。事业也是一场马拉松。人人都可以长跑，但很少有人去跑马拉松。而跑马拉松带来的变化，只有那些奔跑者知道。其实“人生就是一场马拉松”，无论领先或落后都是暂时的，只有拼搏向前才是永恒。只有健康的身体才能成全自己，影响他人，给自己圈子中的伙伴和朋友带来正能量。

企业人际关系中的心理能量影响力

人是社会性的动物，所以有人的地方就有人际关系需要去处理。

人与人之间如何去处理关系，这是一个社会问题。个人与群体的关系如何处理，个人与个人的关系如何处理，看起来好像是自己可以主动选择的，但是实际上很难作出选择，在政治系统中，人际关系从来就是一个旋涡。你参与进去了，就需要按照约定俗成的规则一直玩下去，一直到不能玩为止。

其实无论什么样的群体组织，都是有政治策略的，特别是在封闭的系统中，即使那个人你不喜欢，但是你选择的成本很高，所以不得不压抑着继续在这个封闭的体系中和这个人相处下去。人际关系当中并不都是友善的因素，交际的真正本质是如何让那些不那么友善的力量和行为纳入到自己的交际体系中，如果是一个企业人，需要考虑这个事情是否对企业有利。

人际关系是一门大学问，至少在中国，人们是这样认为的。我们所谓的人际关系实际上只有一条，那就是攀龙附凤。这还是一些取巧的思维方式在起作用。

在一个组织体系中，一个人独善其身的基本要求是要让自己成为解决某一种问题的专家，在组织中被替代的成本比较高。俗话就是打铁还需自身硬。人才都是具有一技之长的人，一个人，在自己擅长的领域不断的积累资源，积累心理能量，给予自己足够的自信。这样在企业组织或者其他的政治团体中才能发挥自己的独特的影响力。在权力倾轧的政治体系中，哪怕是改朝换代，技术型官僚总是最安全的，因为没有那么容易被替代。

在组织行为学中，人们的自信来自于系统内的某种价值肯定。这很重要。**生活中，人们的自信来自于自己在乎的个人和群体给予自己的评判结果。在被关注中形成心理习惯，人际关系中的心理正能量是相互递进的，这种心理能量的输出和输入需要的是一种平衡的状态。**

在对外的正能量传递中，我们需要强调一个平衡，形成一种心理能量的相互传导和对流的关系。

生活中和企业中向来不缺乏胸有成竹的人，但是一个人走在最前面的时候，特别是去开创一项事业的时候，总会需要一种安全感。一个时刻信心满满的人实际上更多的是一种姿态，而不是一种真实的内心感受。我们在强调正能量的时候，实际上希望这是一个自然而然的状态，因为心里有底的大话就是愿景和梦想，心里没底的大话就变成吹牛了。所以，在企业中，企业领导者要领导下属，不要净说自己心里都没有底的事情。而是要将自己的下属变成自己的伙伴，跟他们阐明自己内心的真实感受，学会在团队中左手温暖右手，这就是领导者的真诚。坦诚在组织中是最好的交往原则，因为在作决定的时候都是依据事实的。

在企业和组织的人际交往中，真诚就是一种力量，因为根据事实说出来的东西是经得起历史检验的，也是抱着对目标负责的精神。真实是最大的人格魅力，那些能够活出自己的人才能成为真正的领导者。

真正的领导者能够做出最好的决策，在人际关系中逐步树立一定的权威感，这种权威有些是因为职务给予的，但是职务给予人的权威感是暂时的，只有真正能够激发团队、带领团队获得突破的人才能够长久的获得威信，让自己的权威感成为一种自身的气质，而不是一种装腔作势。

在企业中，领导者是最没有安全感的，这就需要核心团队的心理支持，安全感有时候来自于自己的信仰。领导者处理的所有事情都是模糊的，都要面对不明确的未来，所以他们做事情主要靠的就是信念。信念对于一个企业中的任何一个人都是有价值的，因为一个有作为的人肯定是一个有信念的人。

一个信念坚定的人是值得人们去尊敬的。人际的影响力和正能量大体上来自于一个人信念的力量。领导者的信念是一种信仰，当将自己的信念当成信仰说出去的时候，在人际中就变成了一种驱动力，任何一个有影响力的人都是让自己周围的人接受了自己的信念和价值观，这是个规律。对于意志坚定的人，意志就是一种基础的正能量。

在企业或者生活中，可以通过你的语言，你的人际沟通的原则，你的职位，你的专业知识，你的经验，你的解决、分析问题的能力去影响一个人。在这些因素中，专业知识、工作经验都是一些知识性的因素。这些知识性的因素，要同一些沟通方面的因素结合起来，才能发挥最大的作用。

权力因素在企业的管理中很重要，但是这不是最好的管理方式，除非出现了紧急需要解决的问题，否则在人际的互动中需要尽力使用非职务的影响力。和睦的人际关系是积极心理的土壤，人际的任何压制行为都会带来反作用力，压制只是一种领导风格之一，不是一种最优的选择。**信服才是最好的领导风格。**

现在的企业管理中，那些具有世界视野的“80后”和“90后”越来越多，我们也再难使用以往的管理风格了，如何激发新一代人是中国管理面临的一个问题。他们到底关心什么？如何创造一个他们愿意沉下心的环境，这很重要。其实，**他们更关心的就是这个环境能不能让我快乐。**那些“90后”的孩子们告诉我们一个事实，做企业需要有点娱乐精神。

现代社会对于“90后”的管理，以及如何和他们交往，更直白一点地说，一个企业如何才能驱动他们，已经是中国当代管理的一个主要的问题。想要这样的人成为企业的员工，你就要了解他们，创造一个他们喜欢的环境。

现在，我们的社会再也无法提供那么多简单的工作，也没有那么多对生活除了活着，没有生活理想的人，这是一个社会的进步。我们的企业家阶层需要放下自己的身段，去了解这些年轻人的想法。其实在现代企业中，管理的理念在发生巨大的变化。管理的模式需要和员工的素质和价值观同步。只有和他们同步了，才能够发挥出足够的影响力。

企业里人际关系的前提是你得懂员工，才能跟他们做对等的交流，然后再将企业的一些价值观输送出去。以前，企业仅仅是一个经济目标的载体，但是现在人们越来越将企业看成是生活理想的一部分。工作时间也是一种生活，企业继续维持单一的考核维度没有问题，那就是结果导向。但是工作过程中的愉悦的情绪体验同样不可或缺。自主性是满足感最大化的条件。

未来的企业人际关系的构建，多数情况下就是尽力尊重个人的自由，在确定了目标之后，就给予员工尽量少的干预，因为干预只会带来过度管理的后果。过犹不及的管理也不是我们想要的。因为现在的年轻人更加需要独立的空间，私人空间需要得到尊重，这样才能让自己的企业成为一个有创造力的组织。

这一代人是中国全球化之下的第一代人，他们具有国际竞争力，如果管理得好，他们就能充分发挥自己的聪明才智。这一代的人际关系是在开放的体系中的，而不是封闭的系统中的，所以不了解这一点，就不知道新的人际交往的一些特征。两代人对于人际观念上的对冲，我们觉得还是应该去适应当下的社会环境。给予员工更多的支持，让他们有归属感，这是非常重要的事情。

在人际圈子可以选择的情况下，实际就是分化的开始，一个人在人际上碰到不同的人，会产生不同的影响。一个人向上提升，还是向下沉沦，都在于选择。现在摆在人们面前的有很多的选择，一个人交际可能有很多的圈子，而不仅仅是企业一个圈子，在以往的职场上，大家都认为一个事情不管喜欢不喜欢，只要能够一直努力往下走，就能够获得个人的安身立命的机会。现在，我们有了更多的选择，也就是完全跨界的人脉资源，这样的话，人们就有了跨界尝试的机会。这很重要，意味着尝试。

现在的企业组织中，年轻一代的追求不再是安身立命，而是寻找机会将自己的人生发挥到极致，认识不到这一点，也就不懂下一代人的追求。那些吊儿郎当的一代一旦认真起来，照样可以干成一番新事业。

现在在企业中，我们可以看到两个截然不同的圈子。这也具有普遍性，一个是自我上进的圈子，一个是甘于平庸的圈子。环境和圈子会在很大程度上塑造和改变一个人，尤其是心态和感觉。现在是一个低智商社会和高智商社会并存的时代，甘于上进的人会进入精英阶层，甘于平庸的人则在浪费了时间之后，发展不出自己的所长。

现在在企业的人际交往中，企业管理者就需要区分这样的两种人。将那些向上提升的人带好，让那些甘于平庸的人完成他们能够完成的工作，让企业在人际关系上一直处于正能量主导的状态。任何成功的企业都是在谨慎乐观中取得成就的。

资本、智本与个人心理正能量的激发

企业在本质上经营的是知识，更好的说法是，企业在本质上经营的是智本，是能够和市场接轨，实现市场价值的知识。

在商业上，其实我们不需要简单的无积累的励志行为，没有基于知识的正能量也是没有多少价值的。真正的企业正能量需要智本和资本的积累，软实力和硬实力的相互配合，被调配得很好的企业，也就是效益很好的企业，当然能够给企业带来一份荣耀。这种荣耀就是当一个员工说出自己企业名字的时候有一种自豪感。

如何让员工获得一种自豪感，其实这对于企业家来说是一个比较高的要求。因为只有行业内部比较领先的企业才能得到公众的首肯。这对于一般企业好像是没有借鉴价值的。其实，让员工自豪的企业如果能够成为一个公司的价值目标之一的话，总有一天，这个企业就会成为一个让公众和自己的员工都喜欢的企业。因为一个以人为本的企业能够不断的积累人力资源，而人力资源不断积累就能够使企业去经营自己的知识，让自己实现对一种知识的相对垄断，这样的企业会长盛不衰。

任何一个值得荣耀，不断输出社会价值的企业，也同时在向社会输出正能量。企业的实力和赢利能力需要成为为每一个员工谋福祉的地方，而不是在分配权上只能让少数人得益。一个企业只有让员工活得有尊严，才能够成为一个人性化的有价值的企业。

个人的尊严是什么？首先就是在人格上得到别人的尊重。这种尊重是建立在最基本的经济基础之上的，一个人的从容和心态跟经济基础的关系是极大的，所以，对于那些连员工的基本生活保障的工资都乱扣的话，这样的企业是做不成任何一件引人为傲的事情的。

从企业的角度来看的话，企业需要让员工过上有尊严的生活。家族企业有自己的优势，特别是在创业的初期，但是到了一定的阶段，就要向现代企业真正的转型。视自己的员工为合作者，而不仅仅是仆人和助理，这很重要。这是区分企业进化进程的一个重要的分水岭。

家天下的企业中总是不缺少充满负能量的宫廷斗争，虽然在好的企业中也不乏斗争的问题，但是很多时候是有建设性的。实际上建设性的冲突本身就是企业正能量对付负能量的一种对冲行为。对于企业的发展，这种争执是良性的和有益的。

对于企业来说，资本和现金流的充裕程度代表了一个企业面对未来的布局能力，有足够的实力在现实和未来之间求取平衡。很多企业当然不是资产不足，而是现金流太差导致企业时常陷入经营的困境。

在企业经营中，充裕的现金流和流动资金是企业发展正能量的重要指标之一。至少我们认为这是一家健康的公司，能够兼顾企业发展和员工个人发展之间的平衡。

一个衣食无忧，充满安全感的人当然会充满了正能量，我们抛开经济领域的话题，看看那些富家的浪荡公子们的所作所为，其实那些孩子很可能有一个不正常的成长历程，缺少父母的爱，父母忙着赚钱，或者本身就不具备榜样的风范，于是交了很多狐朋狗友，开始了一段荒唐的青春挥霍的路。本来这些孩子完全可以成为一个贵族，成为一个社会的典范。但是他们没有，因为他们虽然衣食无忧，但是缺少关爱和关爱别人的责任心，人生中充满了负能量。这里我们做一个类比，在企业中，员工同样需要关爱和精神上的安全感，如果一个企业主认为自己只是向员工提供一份工资，然后驱使他们去努力工作，那这样的运营观念就是错误的，不可能获得好的经营结果。

从企业员工的角度去考虑，企业员工的经济问题越得到妥善的解决，企业就会越充满正能量。因为这些企业明白一个道理，一个真正有价值的企业是一个值得员工珍惜的生活社区。好的企业不仅制造产品，也能创造一种健康向上的生活价值。

思科（中国）就是这样的一家企业，在业界流传的一个笑话是：思科的薪水太具有鼓励性，担心大家实现了个人经济目标，提早退休。这就说明了企业的价值观，就是与员工共享利润。企业建立的根本目标就是为企业员工谋福利，而不是企业主一个人的福利，这里面当然需要一个平衡。**基于资本认识的根本观点是资本是冰冷的，中立的，没有人性的，然而在现实中，这只不过是一种假设，资本可以是温暖的，很有人性的，关键是资本的后面站着什么样的人，需要完成什么样的事业。**

与员工共享发展成果，已经贯彻于思科的经营实践，因为思科是全球公认的人本思维最好的公司之一。思科的员工薪水在全球和中国是顶级的，不仅如此，思科还采取人性化的管理系统，比如在北京如果遇到浓重的雾霾天气，就会出于员工健康的考虑，让员工申请在家办公，而不是坚持一个死的流程，按时打卡。

思科员工的薪资结构由三部分构成：一部分为固定薪资，一部分是奖金，还有一部分是股票。因为在中国不能实现股票支付，所以思科在中国根据一定的比照方式用现金支付给员工。薪资的固定部分比奖金多，股票部分是最具诱惑的一部分，股票是按国际一致的标准，一年给员工兑现一次。思科的整体薪资水平就像思科的成长速度一样处于业界领导地位。为了保持领导地位，思科一年会做至少两次薪资调查，不断更新。

思科的薪资标准主要跟职位有关系。薪资涨幅跟每个人的能力直接挂钩，业绩好会多涨，业绩平平涨得少。同样的工作，老员工可能涨的比例少，因为基数大。“薪水可以请人进来，却不足以让一个人不离开。所以最重要的是这个人进来之后的发展过程。包括有挑战的工作。但是思科有公平的竞争环境，充足的培训来鼓励员工。”

为了给员工以生活上的安全感，思科有一个非常有特色的服务，就是紧急医疗帮助，在全球所有国家的员工都能共享这种服务。这个系统可以给员工提供一个全球全天候的安全保障，员工可以获得一家全球医疗服务机构的24小时紧急服务。这些服务甚至超出了医疗范围，包括急病和社会不安因素、人身意外等构成的危险，员工所遇的任何问题都能够通过打同一个对方付费电话获得帮助，无论员工出差在什么地方，都能够获得全面支持。

在硅谷，思科的一大片办公楼像竹笋般长出来，成为硅谷发展最快公司的一个象征。为了让员工安心工作，思科在硅谷买来很贵的地皮，在一般只用来盖写字楼的地方盖上了托儿所。为了给公司员工提供上班的便利，思科在办公室和员工住宅社区修了专用铁道。

思科的管理模式是具有探索性的，管理目标很明确，那就是发展的结果是每个人都要赢，赢不会许诺赢在未来，而是现在就要赢。思科认为每个人都必须努力，最后大家一起将这个饼做大，大家都要赢。思科的经理人数占思科人数的1/10。升职在一年之内随时都会发生，每个人都应该做好准备，机会随时会有。一般来说思科有空缺会在内部和外部公布，空缺放到思科内部网页上，全世界员工都知道。内部报名参加竞争，过程与外面相同，也要经过有5~8个人的面试。这样的安排，给了每个员工充分的发展空间。

一个能够将员工视为资本的人和企业家，才是把握了企业发展的精髓。你的事业赢得高端人才的心，激发他们内心的正能量，你就能做高端的事业；如果你能够驱动一个普通的团队，赢得员工的心，也能发展一个可持续的事业。

最坏的管理就是视人才为可以利用一把的过客。国内某个大企业曾经做过这样的事情，他们以高薪从竞争对手那里挖来高端的设计人才，人才在将某种产品设计生产定型后，又以此人与公司文化不合的名义赶走。这种行为虽然对待的是一个人，但是却反映出了整个公司的人格，公司也是有人格的，我们在法律上承认它是一个法人。这样的作为其实让自己企业里面的员工感到寒心，因为人都会照镜子，觉得这个被赶走的人就是自己。整个公司的员工对于公司的事业就会产生怀疑，认为这样的不公有一天也会落到自己的身上。这样的企业你想要他让资本为大家所用，充满发展的正能量是不可能的。因为发展的草莽时代早就过去了。

思科没有理由不成为一个充满正能量的公司，亚太区总裁现身说法，对着自己的员工讲，工作和生活需要平衡，只有更好的生活，才能更好地工作。对于思考的管理理念，他提出了8条：**首先是以顾客为核心；与之对应的是在关注客户的同时还要关注下属员工，为员工提供一个优良的工作环境，帮助员工达到工作及个人发展的目标；建**

立商业伙伴关系；与之对应的是建立一个高绩效的团队；创立一个与员工共享的愿景；与之对应的是将这种远景实现；具备很好的人际沟通的技能，成为有影响力的人；与之对应的是具备很好的实用知识来产生影响力。

资本只有与员工共享的时候，才能成为员工自己的事业，员工的尊严才能得到根本的保障，而思考所有的努力，不过是想积聚全球范围内最尖端的人才，赢得他们的心，让他们在公司里充满激情的去工作，这才是面对未来市场竞争的王道。拥有一流智本的企业，竞争对手是无法超越的，所以思科认为最佳的运营策略是超越自己，而不是去关注对手，更多的是去发展自己的员工，而不是去和对手打价格战，企业提供的是一流的价值。对外这也是一种正向的竞争能量。

思科会聚智本，不拘一格。据说竞争者对思科比较敏感，因为思科的薪资水平非常有竞争力。思科在待遇和升职时不考虑学历，人力资源总监关迟很干脆地说："如果一个人毕业了10年或20年后，唯一能够对别人说的是他是名校毕业的，这样的人我没有兴趣。"

思科之所以能够成为全球网络设备的领导者，主要原因就是其集聚了全球一流的智本，发挥他们的主观创造力。因为思科认识到现在是智本社会，仅仅拥有资本是远远不够的，只有超一流的产品才是和市场和顾客对话的本钱，而一流的产品永远在员工的身上。

这个世界上的技术工作越来越多，需要接受高等教育的人也越来越多。聪明人吸收知识的能力强，从事技术工作也更出色，所以他们会在教育和工作体系中脱颖而出，形成统治整个社会的高智商阶层，也就是智本社会。智本管理是相对于物本管理和人本管理的管理新阶段。智本管理首先就体现在一些企业中，而思科就是智本管理的一个成功的案例。

在国内，思科面临着中国竞争对手的竞争，但是在产品领域，竞争对手是无法和自己竞争的，所以竞争对手只有以国家网络安全的名义来竞争，企图用二流的产品加上政治诉求来打败思科。尽管如此，思科还牢牢地占据中国的金融等领域的高端市场，因为思科设备的稳定性和先进性并没有被超越。

在金融行业，中国四大国有银行及各城市商业银行的数据中心全部采用思科设备，思科所占有的中国金融行业市场份额高达 70% 以上。更有数据显示，自 1994 年思科进入中国的 20 多年间，已经遍布中国金融、航空、固网等各大通信领域，中国市场为思科提供了3% ~ 4% 的全球收入和 30% 的全球利润。

一个能够提供给员工最好待遇的公司没有成为一个穷的公司，相反，激发了员工身上的正能量，使他们运用自己的知识创造出最好的产品。最好的产品其实就是一切，在背后肯定有一流的管理理念。因为市场是理性的，市场只选择性价比最好的产品。

从资本到智本是一个过程，是企业不同的发展阶段，一个不能积累资本的企业，也不能够积累智本。企业对外的影响力实际上是每一个员工影响力的总和。需要指出，提出物本—人本—智本的管理阶段划分，不是后者排斥前者，“智本管理”时代的到来，并不排斥“物本管理”还起着作用，只不过是对智力资源管理的比重越来越大。

管理是一个企业组织活力的源泉。高质量的产品是由高质量的人才产生出来的，而高质量的人是由高质量的管理艺术组织起来的。思科的成功说明了企业发展的本质，也就是充分发挥每一个人的潜能，而不是管制他们，让他们按时工作。

美国著名管理学家彼得·德鲁克指出：“有效的管理是发达国家的主要资源，也是发展中国家的主要资源。”智力管理就是以管理者的智慧创新能力作为实施管理的驱动力，更注重大的作用和人际沟通，更依赖团队，运用集体的智慧提高应变和创新的能力。能够驱动高端人才的管理是未来全球企业管理的重要挑战，因为管理的核心又重新回到了一个个具有立体思考的人的身上。

社会发展变化极其迅速，一个公司不具备应变能力，就无法生存；缺乏创新能力，就不能发展，甚至因为老产品卖不出去或不适应顾客的需要而最终招致企业倒闭。有了应变和创新能力，企业就能兴旺，就能发展。**有效的管理实际上就是人才内心的潜能被激发出来了，人才的热情就是企业的温度，一个温暖的公司一定会散发出昂扬的进取精神。**

企业人围绕信念和希望进行自我管理

任何预言都有自我实现的可能，因为预期的力量会决定一个人做事的方式。如果要成就一项伟大的事业，就需要和这个伟大事业相配套的做事方式。这种做事方式要靠自我管理来逐步实现。

一个人的成就取决于他自己对自己的认知，一个高看自己的人不一定就会有什么样的成就，但是一个自我否定的人肯定很难有所作为。一般的实践规律是，一个人做得越多，就越倾向于向前去采取行动。

或许你周围就集中着这样一些人：为人很好，可当一个东西摆在他面前时，他总是习惯性地看到了不足的、负面消极的东西，说这不好说那不好，边固守现状边抱怨一切，对未来悲观绝望。和他们在一起就会觉得人生无趣，心情灰暗。就算热情地和他打招呼，他也会很无力地看着你，负能量传递过来，消灭掉一天甚至几天的工作激情。

一个灰暗的没有正能量的人不可能成为组织的领导者，他们只能胜任那些不需要激情支配的工作。一个局部思维占主导的人很可能会成为一个悲观的人，只见树木不见森林的眼界缺陷，因为在这样巨大和纷繁的世界中，个人所接触的世界样本都是很有限的，往往以偏概全。

那些能够自我管理的人知道自己需要什么，然后会全景式去给自己做规划。当你明确自己的方向的时候，很多事情也就能够乐观地看待了。

一个了解自己的人，知道自己不足的地方，知道自己的长处，然后在自己的长处上用正能量塑造全新的自我，这是个人建立职业自信的一般过程。职业自信的人能够在内在和外在上做得比较得体，展示积极乐观的外在形象。

一个有良好自我定位的人就是一个有战略思维的人，因为战略思维首先就表现出自己不做什么做什么。然后在做什么的事情上表现得信心满满，因为努力之后，自己就是这个行业的专家。

一个能够实现自我管理的人，能看到别人看不到的风景，也就是眼界。生命是一场严肃的与自己的竞赛：让奋力前行的智慧战胜阻碍我们进步的卑劣而心虚的愚昧。**达成自我管理的前提是形成判断和拥有观点**。不要指望一个没有判断能力的人能够成为一个合格的自我管理者。这些人要独立，不受各种势力的左右，对世界怀有好奇心，致力于寻求对世界的真正理解，而不是自己的名利，他们得有自生自发的安全感，也就是他们行事的基础是信念，而不是为了一份工作谋求生计。德鲁克认为，**知识工作者的工作难以监督，因而组织效力将取决于组织成员能否对自身进行有效的管理**。干革命，靠自觉。

自我管理的根本目标就是追求自我实现。那些甘于做助理工作的人当然不需要自我管理这样的高要求。坚持本质性的信念对于一个人的成就是非常重要的，我们行事的价值观就是我们自己的树干，如果树干弯了，我们就很难做到持久的成功。**成功是多元的，在这个章节里，我们定义的成功和单纯的谋取钱财是不一样的概念，我们认定的成功在于自己能够达到的职业成就和学术成就**。因为我们这个时代实际上是职业专家的时代。出色的企业也正是由这样一个又一个的职业专家组成的，企业内的领导者也是一个职业专家，他是社会资源的组织专家。

> 一个能够自我管理的人多数会成为自己领域的专家。比如一个经济学家，他首先要有信念，他要严肃地相信，自由贸易、自由交流会比任何其他可见的动因更能促进文明和道德在全世界的扩展。如果经济学家不能够有自己独特的观察和观点，他就不能够独立地看待事物的本质发展规律。
>
> 一个抱有政治偏向的经济学家不可能成为一流的经济学家，因为核心价值观偏信的话，后面所有建立的经济学知识大厦都是扭曲的。对于一个立志于做一流学者的人来说，学术崇拜是危险的，个人崇拜更是危险的。按照追寻真实的原则，既然个人崇拜是危险的，由个人组成的团体也不足以让人去崇拜。
>
> 我们把信念叫做**职业的良心**，这种职业的良心的核心就是自己做事情的原则和底线。做一个专业人员需要自己的底线，做一个企业主也需要自己的底线。在事实基础上做成的事情虽然可能会遇到更多的困难，但是只有人格健全的人才能完成创新和价值的创造。远见、行动力这些因素的确非常重要。但是，我个人认为，信念带来的使命感才是造就成功的关键因素。

在职业生涯中，我们不能“靠计划”取得成功。我们需要了解自己的优势、工作方式和价值观，并做好抓住机会的准备。通过了解我们所属的位置，普通人只要努力工作并有能力胜任工作，也能创造出优异的成绩。

价值观是一个人安身立命的准则，德鲁克的忠告是：不要试图改变自我，因为这样你不大可能成功。但是，你应该努力改进自己的工作方式。自己职业生涯和自己的价值观相匹配，则工作中就容易形成正能量，反之，很可能会陷入自我否定的情境之中，一个人就无法取得自己领域中的傲人成就。

德鲁克认为，一个人不仅应该专注于自己的长处，而且需要进一步加强这方面的能力，尽量少把精力浪费在不能胜任的领域，因为从无能到平庸要比从一流到卓越需要人们付出多得多的努力。**事实上也是这样，越去做自己擅长的事情越能够获得更多的心理正能量，因为成功才是成功之母。**

德鲁克最早提出了知识工作者“自我管理”的概念，那就是发挥长处，而不是弥补短处。这是德鲁克“自我管理”理论的精髓。德鲁克领悟到根本不必浪费力气改变自己的短处，他本人并没有多么高超的公关和外交能力，字也写得不是很好，但这并不妨碍他长处的发挥，他的“写作、咨询、教学”三合一发挥得淋漓尽致。一辈子就做着自己擅长的事情，成为当代管理学大师中的大师。

现在我们观察企业的时候，会有一个对企业观察的视角，我们会对企业做一个总体的描述。事实上，企业是由一个个人组成的。我们在观察企业时有两个维度，一个是集体的维度，另一个是个人的维度。企业之所以比个人能够完成更多的任务，创造出更大的商业价值，根本原因就是企业能够最大限度地使用员工的长处而规避员工的短处。如果企业不具备这种将员工长处集合在一起的能力，那就是不好的管理，同时这个企业也不可能发挥出自己的发展潜能。大多数人都需要与其他人合作，而且只有通过与其他人合作，才能发挥效率。因此，要自己管理自己，承担维系人际关系的责任。

个人的雄心壮志如果能够在企业中得到充分的发挥，那么这个人就能够获得更大的成就，而今天，人们只要有雄心和智慧，就可以掌握自己的命运，不管从何处起步，都能沿着自己所选择的道路攀上事业顶峰。雄心和壮志就是职业的正能量。

实际上，每个立志于完成一番事业的人应该首先成为自己的首席执行官，学会自我管理、自我发展，把自己放到一个能对组织和社会作出最大贡献的位置上，在可能长达50年的职业生涯中一直保持着警觉和投入，一有恰当的时机就设法改变自己的发展道路。

现在一个人如果有信念支撑的话，是可以好好工作50年的，在这么长的时间段内，如果个人愿意的话，是可以取得成就的。无论是少年得志还是大器晚成，都需要切实的自我管理能力。一个人如果一生都没有任何成就的话，也就是在自己认为擅长的领域没有成就的话，姑且可认为这个人在生活中放纵了自己，丧失了自我管理的能力。

在短的时间段内，一个人的成绩可能来源于自己积累的经验和技巧。虽然说经验和技巧很重要，但是在几十年的职业生涯中，支撑一个人不断进取的力量却是来自于自己的内心，对于信念的支持。获得成就的愿望，在任何一个年龄段都不要抛弃。

信念是志向，是追求。信念形象地说就是“上帝派我来做这件事的”。它体现了一个企业的觉悟和境界。信念是内在的，不是外部强加的，它是一个企业的精神世界和灵魂。我们有什么样的精神，就有什么样的行为，就能创造怎样的事业。那些在我们看来非常重要的成功因素，都与组织的使命有着密切的关联。

自我管理的本质是对自己的当下负责，更是对自己的未来负责。

负责是成功的关键因素。只要能对自己负责，其他的事自然就会水到渠成。而对你最重要的事不是地位，而是责任。为了让自己有责任感，必须非常认真地看待自己的工作，并与工作一起成长。

企业运营中信任和被信任的力量

信任是由人际关系中的理性计算和情感关联决定的人际态度。比如，对人的尊敬就是信任。

企业的信心实际上就是对领导者的信心。“信任”是一件得之很难失之最易的品行。被信任者即是被信赖者，那也是人生的重要财富，这种财富积累得越多，做事的成功率越高。一个民族，一个国家，信任越多，其社会越安定，越同心，越和谐。

所以，企业领导者需要为企业创造一个信任的环境，即使企业的窗外已经是冰天雪地，在企业的室内，也要保持温暖的心。国内最好的经济学者之一，华南理工大学教授陈春花说，我们需要创造富有人性关怀的环境。一个友好具有建设性的工作环境和生活环境当然能够带来这一切，友爱和信任就是能够带来力量的东西。

在绝境中往往会是应验于冥冥中的一句谶语，只是因为信任别人，所以才拯救了自己。生与死的哲理，往往就是这么简单。人是社会的动物，有社会心理依恋的需要，社会依恋不能得到有效满足，幸福心理就难以实现。社会管理中，重要的一部分就是社会群体的信任水平，如果水平低，社会管理成本就会增多。

原则上来说，在企业中，我们没有朋友，同事不能够成为朋友，CEO 在企业中也不能有一个朋友。国内的一个管理学者是这样认为的。可万科地产董事长认为对人的尊敬是信任。

如果社会与公司的制度安排让普通劳动者无法享受到其本应有的幸福感与成就感，这样的制度将无法持续。不把下属看做是自己的合作伙伴，企业就无法发挥协作效应。

不信任会增加组织成本，不信任是笼罩在市场经济体系之上的乌云。信任与市场经济关系密切。事实已经证明，严重的信任缺失不仅会使交易成本急剧增加，社会分工受到阻碍，更会直接从根本上威胁市场的存在和交易的进行。

中国企业的信任度普遍比较低，不仅在企业内部如此，在企业外部同样如此，特别是在一些中小企业中，企业主不会给予员工太多的信任。中国人之间的社会联系不强，从古到今，没有形成很强的社区概念，社区是社会的基础，也没有普遍的社区服务体系，所以也就没有社区责任感和社会责任感。关于中国，美国社会学者马克斯·韦伯的结论是：中国社会的诚信属于特殊信任，即只信赖和自己有私人关系的他人，而不信任外人。与此相同的结论，还可见美国学者勒丁的《中国资本主义精神》，作者在书中指出，华人家族企业的特点之一，就是对家族之外的其他人极度地不信任。

在一个社会中，信任是非常重要的事。如果一个企业没有在发展顺利的时期，履行企业对社会应有的责任，那在这个企业遇到困难的时候，民众不会选择信任这家企业，不管企业许下了什么口头承诺也不行。企业家应具有被信任人的能力，也就是说，对内要为员工谋福利，而不是将所有赚取的财富都倾入私囊。

很多企业主没有和员工共成长的意识，他们通常多用亲情与温情打动基层员工，近似于一种软绵绵的洗脑方式。这种方法短期有效，但难以持久——因为人能被蛊惑一阵子，很难被蛊惑一辈子。短暂的温情式的管理总归不会长久，唯有视员工为自己的合作者，才能够建立一个平等的信任和被信任的关系。

其实，赢得信任需要诚信、动机和意图、能力、结果四个维度。相互的信任建立是一个过程，这个世界上没有无条件的信任。在企业或其他组织中，很多时候信任是逐步积累起来的。作为一个核心领导人，事事应该以身作则，并要让大家都能感觉到你是在以身作则，这样，大家才会跟你一样去工作，才能赢得大家的信任与尊重。一个充满信任的企业当然被注入了足够的发展正能量。作为一个企业的经营者，首先要有自我牺牲的精神，经营者可能要付出比别人更多倍的努力。其次，经营者要有责任感，任何事都要勇于负责，这样才能得到员工心理上的信任和感情上的信任。

日本著名企业家稻盛和夫在京瓷创立之初，也发生过不信任的事件。有一批员工，进入公司不久就找到稻盛会长，要求公司承诺保障他们的工资和奖金待遇。当时公司刚刚创立不久，各方面条件不是那么优越，尚处在一种不稳定的状态，很难给这十几个人承诺。见要求无望，这十几个人随即提出，如果公司不给承诺，他们就集体辞职。这件事放在今天也许没什么大不了，但那时，对于刚成立不久的京瓷来说，这么多员工入职不久就集体辞职，无论是对公司的实力，还是对公司形象，都有很大的影响。于是，稻盛和夫把这十几个员工请到自己的家里，一起聊了三天三夜，把自己对公司的各种经营想法和发展愿景对员工进行了说明。

最后稻盛会长明确表态，说："如果说你们信任了我，结果公司出了问题，到时候，你们杀了我，我也没有任何的怨言。"会谈后，员工选择了继续留在京瓷工作。这件事足以证明，取得员工的信任，对于一个领导者是多么的重要。而且，只要把领导者的诚意与愿景传达给每一位员工，赢得信任并不难。

稻盛和夫认为：信任越大，不能辜负信任的责任感越大，开头做对了，这个循环就容易建立。这种行为实际上就是激发的员工与企业共成长的正能量。稻盛和夫也在企业经营中实践了自己的诺言，也就是将京瓷企业变成了为员工谋福利的企业，将自己的权力和管理责任同时授权给了自己的企业干部，信任他们，发挥他们的工作潜能，有时候，自己会将工作做得比员工更加努力。

京瓷正是靠这个相互信任的基础走到全球企业500强。足见信任的价值对于企业来说至关重要。

国内知名的火锅连锁品牌海底捞也是这样充分信任员工的，他们将所有的一线员工都看做是管理者，将决策权向第一线倾斜。海底捞成功的奥秘在哪里？财经学者黄铁鹰的总结重点在一段话：只给吃不给爱，是对待畜生；只给爱不给尊敬，是对待宠物；而人只给吃和爱是不够的，还需要尊敬。什么是对人的尊敬？见老板鞠躬给领导鼓掌？那是对地位和权力的尊敬。对人的尊敬是信任。

在海底捞，所有服务员都是经理，拥有给客户打折的权利。在推行这个举措的时候，很多人都不理解，所有的服务员都能够决定打折的话，会不会给企业的经营绩效带来消极的影响，结果证明这些人的担心纯属多余。当一个员工被授权的同时给予的也是一份责任，你不授权给他们，他们也就没有责任，更不会对企业的经营结果负责。员工被授权了，他就变成了一个管理者，不仅仅要完成自己的本职工作，还要对企业的经营结果负责。

德鲁克认为，企业的员工是否是管理者并不取决于他是否管理别人。所有必须坚持自己的目标和标准进行决策，并对组织作出贡献的员工，实际上都在行使管理者的职责。显然，在海底捞的管理体系中，每一个基层服务员都是一个“管理者”，这对提升服务品质起到关键的影响，对公司至关重要。

对于很多国内的企业主而言，他们不信任员工为企业做出的决策，认为自己是企业主就需要将一切资源牢牢地掌握在自己的手中，其实这是个大个体户的行为，不过企业发展有多大，这个企业也不可能走过一个**机会周期**。只有那些建立很好的诚信环境的企业才能把握一个又一个机会，从而变成一个永续经营的事业。所以企业主需要牢牢记住一点，千万不能做毁伤企业信任基础的事情。

可以说，一个运行良好的市场秩序需要某种道德的支持。而信任正是能够支持市场经济良性运行的道德的基础。作为企业的员工，需要问自己到底为企业作了什么样的贡献，让自己的工作成果和企业的绩效相关联。

很多人在谈论经济学的时候，实际上喜欢摆出很多的数理模型，事实上再精确的数理模型也解决不了企业人际间的信任问题。无论是用来衡量宏观经济的模型还是描述微观经济的模型，都是做不到这一点的。

一个企业中的信任和被信任的关系，实际上有很多是责权利分配不明的关系。比如，领导者本来应该就是制战略和做营销的，但是他可能同时做了很多本该秘书做的事情，结果导致秘书成长不起来，不能完成自己的工作任务。每一个事情都得不到充分的信任，达到你办事我放心的境界。在企业中，建立监督体系是必需的，因为这会定期对企业的经营目标进行衡量。信任才是企业快速良性运转的最好保证。

中国当下的社会心态十分浮躁，其根本原因还在于缺少信任，就以政府和市场经济系统的关系为例，市场经济的本质要求一切能够市场化的东西拿到市场上去配置资源，而不是自认为比市场更聪明，能够代替市场去配置资源。最坏的结果不是错误的投下了很多不见效益的工程，而是破坏了社会的信任，消灭了社会资本蓬勃的创业精神，消弭了企业家创新的原动力。

中国房地产市场产业的畸形发展，民众对于地产投资的狂热，实际上正是创业精神缺少的最好证明，人们不再去投资实业，踏踏实实地做事业，而是将资金投向了地产领域，大量的国民财富被投入到不动产当中，目前这笔庞大的财富，相当大比例沉淀在非生产性的资产中，没有投向可以创造财富、拉动就业的生产性领域。这才是需要大家担心并且认真分析的。造成这种结果的原因是社会缺少信任，政府缺少真正的信赖民间资本的行动。

事实上，在战略上有为，在微观经济和区域经济中无为才能帮助社会重建信任。信任既不靠公共财政投资，又不能大规模减税，就能带动社会经济的良性发展。放开中小城镇的自治，从而在中小城镇层次上释放民间长期投资的激情。当然，这条治本之策见效比较慢。但是地方城镇要是被充分授权的话，他们就能够发挥自己的创造热情，带领中国再创一个 20 年的辉煌。

企业经营也是如此，必须进行充分的授权。个人在信任中最能创造出自己的价值，这是一种管理思想，能够带来企业积极的正能量。IBM 前 CEO 沃森提出的原则：“**就经营业绩来说，企业的经营思想、企业精神和企业目标远远比技术资源、企业结构、发明创造及随机决策重要得多。**”建立信任的经营理念一旦在企业和社会管理中得到充分利用的话，一定能够建立一个良性发展的社会。

第三章 企业人向上的个性特征

个人心理正能量的激发，需要一些基础的条件。在如何锻造一个人的问题上实际有很多的说道。一个人生活得比较健康，至少需要一两个健康向上的爱好。而且要将这个爱好变成促进职业生涯发展的调剂物。

企业人千万不可丧失对美的感知力

人生如何才能充满正能量，事业如何才能充满正能量，这都需要对生活具有足够的感悟。一个对美感知能力强的人，会在生活中发现无处不在的美，这种对美的感悟也能够对工作和事业产生积极的影响。

增强一个人对美的感知能力，实际上就是培养一个人内心的自我表达的问题。对于艺术和美的感受，实际上都需要一个很好的表达。一个不断寻求和外界进行交流和表达的人当然会变得外向，有激情。这种激情正是我们所要的生活的正能量。

一个健康向上人，会把自己对美的心灵感悟能力发展成一种积极的思考，即使碰到遗憾的事情，也能够将事情看成是生活的一种残酷美。一个充满正能量的人，当然是一个积极信息的输出者，他也会积极地和自己的伙伴朋友寻求一种心理共融的感觉。而这种感觉在商业上有着巨大的价值。

现在市场上的消费者和以前的消费者不一样了，他们对于美的感受能力已经飞速地提高。作为产品和服务的提供方，产品和服务的形式美还能不能符合他们的要求，成为商业经济中的一个关键问题。中央电视台的春节联欢晚会年年办，而且从客观上来说，质量和当年初创的时候真的不可同日而语，但是每年都会引起观众大量的恶评。即使内行人觉得不错，但是观众还是不满意，原因很简单，观众不一样了，他们对于节目的整体的鉴赏能力提高了。这样的事例告诉我们，对美的感知能力很可能会成为一个重要的生存技能。因为企业的产品和服务必须能够适应和跟随顾客的审美需求。

我们看到那些对美感受能力强的人，实际上是很会生活的人，他们在生活上有情趣，在外界总是散发着自己的魅力，其实工作只是生活的一部分，一个热爱艺术和美的事物的人不仅仅能够创造工作中美的价值，也能更好的平衡生活。

所以无论什么样的人都需要略懂一些艺术门类的东西，无论是音乐还是绘画，或者对于其他艺术形式的爱好，这些都能改变一个人的知识地图，赋予一个人内在和外在的气质。在当今的职业生涯中，与顾客心灵共融的能力已经是一个很基础的商业感知能力。

对美感知能力强的人，对待别人的感受也能够有更多的同感。在自己的内心里能够模拟更多社会角色的感受。现在的经济已经进入了体验经济时代。也就是说，现在的顾客已经不是买不买的问题，而是能不能体验到产品和服务传递出去的感觉。更确切地说，好的产品不但是美的、艺术的，还需要让细腻的顾客感受到友好的正能量。

大众美感现在是一个市场研究的热门话题，因为任何的商业活动都需要一个艺术美的界面，不再是工业时代那样冷冰冰的千人一面。可见一个创业者如果要获得商业上的成功，就需要懂得艺术思维和具有传递美感的能力。至少，我们能够鉴赏什么是美的东西。很通俗地说，一个不懂艺术的人就不懂时尚产业，而且越来越明显的趋势是，所有的产业都在向时尚产业靠拢。

艺术和美的感悟能力不仅是一种工作能力，它显现在一个人的所有生活的方方面面。现在我们看到城市中的孩子普遍接受一两种艺术教育的事情，这是值得鼓励的，很多现在看起来没有用，也不实用的东西，在未来某一天会改变孩子们的品位和他们的生活方式。品位其实也是一种能力，它能提高一个人的视界，能够捕捉到更多的商业机会。

一个甘肃的老农很难理解一个上海姑娘手里的上万元钱的小包包，告诉他这个包包可以买十头小猪仔，他一定很惊讶。因为对他来说，他不知道这个包包的出处，也不知道设计为什么会这样贵，也不能发现这个包包和100元的包包差别到底在什么地方。换句话说，这叫一种人永远也不懂另一种人的生活。因为在他的知识地图中，对于时尚和品牌的感悟是空白的，他没有体验别人生活方式的能力。所以他就不可能做成满足另一个阶层心灵的产品。

现在，个人的审美能力很重要，在企业做到中层管理者，就会遇到很多对品位判别的问题。

工业设计是最廉价的创新。很多企业现在都认识到了工业设计的价值，将工业设计放到了很重要的顾客体验手段，因为技术多数体现在功能上，但工业设计是面向顾客的设计创新，目的是让顾客更好地使用产品，工业设计可以赋予产品风格，将文化因素带入到产品的设计制造过程，产品也就被注入了很多艺术元素，使得产品变得更加有人情味。工业设计在客户体验领域的作用是不可替代的。当代企业的体验营销正是建立在产品本身的附加价值之上的。

营销专家告诉我们，消费者购买行为其实是发自内心的感受，只不过过后给自己找理性的借口罢了。故事经济抓住的就是这一点。不拘泥于商品提供的实际功用，它要说服的不仅仅是人们的头脑，而且必须要打动人的心灵。想要一块准确走时的手表，几十元钱就够了。若一块表代表了一种生活方式，一种地位或一个传奇故事，那么价格可以高达15000美元，劳力士正是如此。

在这个以科学和理性、分析以及实用主义为功利标志的时代，恰恰应是情感、传奇故事和叙事方式以及价值观回归的时代。故事市场即将超越以信息为基础的利润市场；情感市场即将取代有形产品的市场。现代人在竞争激烈的社会中，需要感情的慰藉，这也可以成为消费心理研究的对象，成为挖掘商机的一种方式。

能够充分理解消费者内心的人才能在未来超级竞争的环境中生存下来，并且发展壮大。这一切都需要细腻的感知能力，没有一点艺术细胞的人根本就不能分辨出一个事物的美学价值，审美能力弱的企业实际上在面对顾客的竞争中会一直处于劣势。

一个人的艺术素养给人带来生活上的阳光，就个体来说，与人交往的过程中，情商是占主导地位的，一个进退有度的人，需要比较好的交往能力。艺术修为可以提高一个人的情商和思维的柔软性。

生活中的正能量和工作中的正能量是可以通过修炼得来的，我们在前文中说过，生活的本质在于懂得，同样，商业的真谛也在于懂得，没有一颗灵动的能够欣赏美的心，是无法做一个出色的企业领导者的，在漫长的职业生涯中，每一个人都有机会成为组织的领导者，每一个人都有机会自己创业，成为一个感知顾客心灵的人。

现在很多人都说，文化媒体产业是一切产业的母产业，对于个人而言，个人对文字音乐和图像等的审美能力不仅仅是某一种职业需要，未来的大部分工作都直接或者间接与审美能力有关，所以，具备艺术气质，实际上是一种生命的正能量，能够帮助我们更从容地面对未来。

所以，对于现在的人而言，需要在审美方面去刻意的提高自己，在自己的企业中，将顾客从功能主义引导到审美领域，从产品的使用性能引导到顾客的情感领域，这是企业能够发挥自身价值的地方。

对于一个相对成熟的产业说，希望通过技术来实现价值飞跃的机会微乎其微，当不同品牌的产品在基本功能上趋同时，工业设计就最终决定了谁能够最终赢得消费者的欢心。而这都依赖于企业审美能力的提升。

工作中的能力结构转向审美能力是一种趋势，苹果就是典型。这是个典型的以“简单就是美”为体验核心的企业。他们将一个美学概念用在了产品之上，从而创造出了一代又一代伟大的产品。**审美其实也是创造力的一个源泉**。厨师和出租车司机这样的行业，精英和普通人的产出差异并不大；但在苹果公司涉及的前沿和创造性领域，精英和普通员工的产出差异是10倍，甚至几十倍。这些聪明的工程师既了解技术也了解客户体验，这样的复合造就了苹果与众不同的文化。

艺术思维的根本在于培养了人的创新性，美就意味着与众不同，有自己独特的风格，其实我们在生活中，那些敢于特立独行的人是一个勇敢者。领导者都具有艺术思维，任何一门事业发展到高级阶段实际上都是一门艺术。认识到这一点，一个人就要让自己保持对于美的事物的敏感性，因为这是生活的正能量，也是未来面对挑战，保持个人软性竞争能力的主要内容。

信用是一个企业人的关键品质

一个值得信赖的人是对自己负责的人。为人诚信，能够给人一种安全感的人才能成为群体的领导者。诚信是一个人的人格魅力所在，也是一种事业的正能量。

一个人能够在残酷的商界中乘风破浪，靠的就是诚实，靠的就是信用。一个走正道的人首先就要有诚信，虽然我们在做事的过程中需要适当的策略思维，但是我们应该记住，奇道永远不能代替正道。如果要长治久安的求发展，永远是诚信第一。对于一个企业而言，是诚信使自己赢得了对手的尊重，赢得了社会的信任。的确，诚实最可贵，守信最可靠。最具魅力的人格就是诚信。

诚信就是把一说成一，把二说成二，这实际上涉及做人的承诺和做事的承诺。这些简单的道理看起来很简单，但是在生活中成为原则却是不那么容易办到的事情。有人说：生活中最摧折的，莫过于不真诚，诚信的建立，需要真诚的日积月累；诚信的崩溃，一句谎言就够了。凡是事业长久不衰的成功人士，他们真正的奥秘都在于“诚信”二字。

中国人喜欢拉关系，关系学也是研究中国的一个领域。在熟人中不讲诚信损害很大，中国是一个流动性很低的社会，因为彼此了解，不讲信用就会混不下去。所以，人们为了发展的需要格外重视信用。因为这种信用发生在具体人与人之间，称为人格信用，这个概念是英国学者提出来的。

在以前，一些生意人只对自己的亲朋好友和乡亲负责，这是农业社会的基本特征。他们认为外乡人就是可以欺负的，所以中国从来就有强龙不压地头蛇的说道。信任仅仅是小圈子的事情。

德国当代哲学家卢曼认为，信任是一种简化机制。人类在进化中会发明很多简化机制，以提高效率，降低成本。举个例子，货币就是一个简化机制，它解决了物与物交换带来的不便。严格意义上讲，任何预期，未经结果验证谁都不敢保证绝对能够实现，也就是说，信任需要验证才能盖棺定论。

信任这种简化机制，实质也是一个效率机制，是合作和交易的催化剂，社会和谐的润滑剂。基于对自来水的信任，我们没有必要每次打开水龙头时用仪器对水的质量来一次检验，否则，成本将 N 倍增加，并且寸步难行。

中国古代社会是一个以道德为本的伦理社会，传统金融机构的诚信守则、以义制利精神，建立了从道德、人格、精神向经营行为、商业领域的价值延伸。但是这种延伸也是有限的，和现代的信用概念还是不一样，这在文学作品中，是可以看到的，比如《水浒传》中，孙二娘的黑店就是一个典型的对于圈子的信用体系。他们不杀圈子内的人，对于圈子外的人却视为牲口。中国现代的信用体系实际上到现在也没有真正的建立起来，在向现代社会过渡的过程中，中国人所做的事情有很多，信用体系的建立就是一个重塑社会的基础工程。

把信用看成体系，会涉及个人层面的道德诚信；会涉及人与人之间的人格性；会涉及制度信用。一个是个人信用的制度管理，另外一个是公共信用的管理。建设社会诚信和社会信任应该有全面的观点，诚信不仅是道德问题，人际关系问题也是制度问题，人际关系更要关注制度的建设。我们从道德诚信说，道德诚信当然是道德，主要是涉及个人，包括公民个人，还有我们的企业，都是涉及道德诚信的问题。

最直接的一点，办企业，就必须对万里之外的陌生的顾客负责，否则就会产生一波接一波的有毒食品事件。这恰恰是社会诚信不健全的最鲜明的注释。这是你对他人基本的承诺，达不到标准就是不诚信。生产合格的产品和合格的服务才会有商誉。不专业不仅是一个技术和机能的问题，更是道德的问题。我们认为职业的信誉是现代社会最基本的信誉。个人道德诚信是社会诚信最重要的基础。

在现在的中国，不诚信的社会成本和社会代价实在是太大了，一个不诚信的国家不可能成为真正的发达国家。

来看我们的问题在哪里，比如到处说假话，做假账，这个大家都承认。就是不把一说成一，就是造假，就是不诚信。这是公众痛恨的，容易看到的，也是大家议论最多的诚信问题。

一个信任度高的社会，总是经济发展，社会和谐，充满活力。反之，在一个充满不信任感的社会，人们在“狐疑”中进行合作和交易，将不得不增加信用搜索、调查费用的投入，契约订立、执行的成本也随之剧增。企业是社会的功能细胞，如果一个个企业之间是在相互欺骗的环境之下成长起来的，那么这个社会就不会是一个美好的社会，社会中充满了尔虞我诈的负能量。某部门的应急手册教人见到有人昏倒不要出手施救，更是信任脆弱，人人自危的极端反映。

对于企业而言，对于个人发展而言，社会诚信的环境都是一种巨大的支持性的正能量。社会混乱的原因就是不对一个独立的陌生人负责任。觉得他们的利益与自己无关，实际上他人的苦难和自己休戚相关，只不过你不知道罢了。

一个人学会对陌生人负责，实际上就是对自己负责。一个民族的智慧，不在于个体的智慧有多高，而在于群体的智慧有多高。个体都是龙群体一条虫的事例很多，社会的正能量都在个体和个体，群体和群体的零和游戏中丧失殆尽了，这样的国家和民族不可能引领世界潮流。

人类在试错之后总结出来的基本经验，就是轻信无异于冒险。然而，一个社会，如果人人都以盗贼的居心过日子，那就不是文明，而是丛林。一个人在社会中如何自处，就是一个非常重要的问题了。

现在的社会是一个诚信度很低的社会，但是这并不是说你也要被这个社会所污染。诚信的人是很多的，而且诚信的人一般都是成功人士或者是过得很幸福的人们。如果你坚持诚信为人、诚信处事，那么你就会建立起自己的信用体系，别人也会用诚信来对待你。人们是不会和一个没有诚信的人交朋友做生意的。诚信是与他人交往的基础，也是迈向成功的关键。

信用是一个人关键的品质，资源总是朝着给人安全感的人手中集中。这是一条社会发展的规律，也是社会资本流动的规律。真正的企业家是不会缺少资金的，总是缺少资金的企业主不是真正的企业家。市场对企业家的要求表现在：企业家应有的胸怀、经营哲学、人格品质以及企业的制度基础、分享理念等。

不管是企业的领导者还是基层的员工，都需要讲信用，企业在内部都不能建立起信任，又如何去面对千千万万顾客的信任。企业一定要做到一种对内的真诚，因为这是企业长久发展的基因。

老实人吃亏的问题从来就是一个伪命题，在诚信的问题上，我们觉得诚实的人具有更加强大的道德勇气去面对不完美的现实，不诚信、不信任人的人也就不能面对一个真正的自己，在内心也就无法聚集真正的正能量，这样由内而外，正能量的输出也就受到了限制。

一个诚信的企业会实实在在的做事，真心诚意地为客户创造价值，而不是自己做不到就去骗顾客。这说到底是一个面向自己内心的交代的问题。现在，信用面临着一个向精神、文化层面回归的问题，信用应该是一个关系信仰与人心的问题。

个人的诚信问题最终会汇成一股社会潮流，或者成为社会的负能量，或者成为一种促进社会大发展的正能量。其实，美国 2008 年的金融危机实际上就是诚信的危机，金融机构忘记了他们应该真诚地面对顾客，去为顾客做金融服务，他们向顾客推销那些有毒的金融产品。

那些拥有上百年历史、貌似强大的品牌的华尔街金融巨兽，为何如此不堪一击？这些按照西方信用与品牌蓝图建构起来的大厦，究竟遗忘、缺失了什么样的关键环节与核心关怀？最终就是违背了尊重顾客，向顾客推销了自己也不需要的产品。违背了最基本的平等交换的原则，个人违背了自己的信用原则。也就是这样简单的道理，却决定了我们生活在一个什么样的环境中，以及我们感知到的幸福。

企业人科学思维的效能决定人生格局

客观分析自己是一个人获得发展的前提。任何获得理性成功的人都是在充分了解自己的基础上获得成功的。除非碰到了好运气，但是不能认识自己的人很难获得持久的成就，我们要将客观分析自己能力的人作为人生心理正能量的一个组成部分。

一个人成熟的标志就是开始具备比较强的同理心。同时也善于在纷繁复杂的事情面前学会抽离自己，将自己客观的放在体系之外。很简单的例子，一个饭店的老总，如果他愿意一直吃自己饭店烧的任何一道菜，那么他就能够对自己的事情负责，将事情做得更好，如果做的事情自己都不想要的话，这样的发展也就限制了最基础的换位思考的原则。

一个人内心的志向其实不是很重要的，这和书中很多的观点不是一样的，关键一点就是立足于当下的事实去完成能够完成的事情，站在一级台阶才能看到上一级台阶的样子，也只能欣赏一级台阶的风景。马云说，阿里巴巴只关注两年之内的发展问题，其他的问题我们只是去做些规划，剩下的所有工作我们都是在解决现实和客户的问题。无论什么时候，都不能失去脚踏实地的思考方式。如果失去了这样的科学思维，企业很可能就会陷入困境。作为个人，也可能会走弯路。所以有一句话，在现实条件面前，实事求是的思维就是最佳的捷径。

科学思维中，一个人必须客观分析自己的优势和劣势。不要试图去弥补自己的劣势，而是将自己的优势全部发挥出来，自己的劣势则需要到市场去整合资源，自己去弥补的话，很可能只能做到一般水平，但是如果我们到市场上去寻找联盟，就能找到市场上最好的专业力量。事情最好由专业的人去完成。实际上，一位不了解自己短处的人很难充分发挥自己的长处。

将事情做正确就是一种做事的正能量。这是一种智慧。在一个组织中，很多人看到的是领导者的权力，实际上领导者意味着最大的责任。一个项目的运作，是顺水行舟还是逆水行舟，实际上方向是由领导者来定的。所以我们将很多事关执行力的问题都归为伪问题，正是由于领导者的无能，不能为企业建立高效的战略能力，才导致很多事情无法去执行。

一个人的科学思维能力决定了自身的发展前景。我们看到同样的一个行业，先进企业和落后企业的经营成果相差很大。实际上就是领导者的眼界问题，不能做正确事的领导导致了不好的经营后果。企业的经营正能量蕴含在人的身上，特别是在领导者身上。

没有科学思维的人身上也可能拥有热情，这不过是**伪正能量**。格局太小的人即使充满热情也不能创造出事业的辉煌。不能顺应趋势的人很难获得助力，顺水行舟的力度是自然而然带来的结果，不是刻意努力的结果。如果一个人能够顺应潮流，为什么非要逆流而上呢？

伪正能量实际上最多表现在穷忙族的身上，他们可能是最勤劳的一族，但是做事的方式不对头，就不能获得好的成果。做一个亿的企业会有一个亿的做事方式，做十万的小企业就会有做十万的思维方式。思维方式不同决定了不同的做事方式，也就产生了不同的经营成果。

具有科学思维的人能够冷静地分析竞争成败的后果，也就是只抓住自己能够抓住的机会，不好高骛远，在经营中扎实的建好自己的经营团队，整合好系统服务能力。整合团队资源，形成**叠加优势**。理解叠加优势的管理者和创业者实际上会将事情做得更好，因为他们开始承认自己不是超人，而是团队中的一分子，在做事的时候学会了依靠团队。

一个人必须具备行动能力，一百次心动也不如一次行动，行动需要在做事过程中不断地去**修正**。修正是思维模式保证一个人在做事的过程中既保持了方向性，又保证了灵活性。有时候，人在做一件事情时，时机是非常重要的，掌握发展节律，在成熟时果断超越。不要在内在条件不成熟的时候去强行做事情。外在的资源可以去整合，内在的思维能力不足一定会带来败局。

总之，科学思维的本质就是认识你自己。要想获得真实的信息，你就必须具有一定的情感强度，也就是说，无论喜欢与否，你都要面对现实，根据现实的条件做调整或者作决策。情感强度将使你有勇气来接受与你相左的观点，有勇气去鼓励和接受团队讨论中出现的分歧。它将使你能够接受和改正自己的不足，适当处理那些不能完成自己任务的下属，并果断地处理一个快速发展的组织中许多不可避免的问题。**在认识自己的基础上才能够领导他人。**

也许，你只是企业中的一个员工，但是只要有足够的格局观，照样能够发挥一个管理者的职能。员工肯定已经注意到，那些最优秀的领导者通常并不是组织中最聪明的人，甚至他们通常也不是那些对自己所处的行业最为了解的人。那么，到底是什么力量使得这个人成为领导者，而其他那些能力比他更强的人反而对其俯首听命呢？因为他是一个既能够认识自己也能够认识别人的人，没有其他的秘密。

那些能够胜任自己工作的员工和领导者都有一定的自信，自我超越是建立真正自信的关键，我们在这里讨论的是一种真正的、积极的自信，而不是那种通过掩盖弱点而表现出来的狂妄自大和造作的自信。真正的发自内心的自信是激发正能量的源泉。

一个优秀的员工一般都有一套自己的伦理标准，这正是使得他们拥有足够的力量来完成甚至是最艰难任务的源泉所在。这样的员工绝对不会放弃自己的信念。这种性格已经远远超越了我们通常所说的以诚待人的道德范畴，升华成为一种商业领导者所共有的伦理规范。这些领导者虽然不是最聪明的人，但是却是信念最坚定的人，这种信念也是科学思维的重要组成部分，**一个人必须要有足够的定力才能够成事。**

真正自信的人，通常都比较善于和别人交谈，因为这种人通常内心都有一种安全感，从而使得他们敢于了解乃至接受未知的事物，并能够顺应环境的变化采取及时的变革。他们明白自己并非无所不晓；他们通常都对事物充满了好奇心，能够在讨论的过程中鼓励对方提出与自己不同的观点，并学会在争论的过程中不断学习；他们愿意承担风险，并敢于聘请那些比自己聪明的人。所以在遇到问题的时候，他们永远都不会束手无策，因为他们相信自己肯定能解决眼前的问题。

敢于承认错误，是一个合格领导者应具备的一个重要因素。毫无疑问，没有一位领导能够保持不犯任何错误，重要的是要善于从自己的错误中学习。

具备科学思维的人实际上具有科学的判断能力，能够理性地看待问题。

有些领导者之所以优秀，是因为他们能够做到量才运用，合理授权。要做到量才适用，领导者必须具有一定的结果导向的管理能力。对表现不佳者姑息纵容几乎是所有公司的通病，而这在大多数情况下都是领导者缺乏赏罚分明的结果。而且，如果没有一定的结果导向风格的话，你将很难聘请到真正优秀的人。因为如果你足够幸运，能请到比你更优秀的人的话，他们将会给你的组织带来许多新的想法和活力。

通常情况下，一位缺乏正能量的管理者很难聘请到这种人才，因为他们不希望有一位更加强干的下属来威胁自己的权力。为了保护自己脆弱的权威性，这种管理者通常不会使用对自己形成挑战的人。但实际上，这种情感上的脆弱最终将使得这位领导者的前途和整个组织的命运毁于一旦，或者整个组织在负能量的笼罩之下不断的衰弱下去。

一个人的格局必须足够大，格局足够大的人才敢于起用比自己强的人，优秀的人之所以优秀，是因为他们总是将自己放在一个强大的圈层之内。正所谓强将之下无弱兵。

生意的最高境界是无我、无欲、无喜、无忧、无恐惧。一只眼望着市场，一只眼永远望着自己。任何时候，最大的敌人，就是你自己。校正自己，永远比观察市场重要。凡事以自我为中心，用自己的标准衡量下属的领导，表现出来的最大的过失就是妄作毁誉，任意评判下属的对错。格局远大的领导者虽然和其他的员工一样的做事，但是结果却远远不同，很多时候，格局决定了一个人心理正能量的大小。**一个人的真正魅力来源于他的心理格局的远大。**

SOHO 董事局主席潘石屹认为，在做事的过程中放大自己的格局，那些我们追求的成功就能够悄然降临。倒是那些计较太多的人会失去人生的很多机会。追求自我超越的境界，这样的人才会获得人生的精彩。如果将奋斗的目标与个人成败捆绑在一起，只会让自己在面临困境时更为消极。跳出这种思维模式来看人生，用强大的精神力量支撑自己，成功和快乐自然会降临。

潘石屹说："奋斗是一个成长的过程，最宝贵的收获在于精神的成长和进步，而物质目标只是个训练的过程。如果只从物质层面、从名利角度去看，世界是不公平的。局限在这个层面看待自己的人生，只能让我们产生嫉妒、仇恨，消耗我们奋斗的力量。把人生格局放大一些，站在更高的地方看奋斗的目标和意义，快乐自会降临。"

他认为，人生的目标很重要，须天天提醒自己，人生的目标是自己进步，同时促进社会改善，这是人生两重性的目标，互为前提，两个目标谁也离不开谁。人生真正的原动力来自于对这两个目标不断学习—反省—行动的深刻理解。对于这种人生目标的设立与实践，不同时代有不同的表达方式，各种宗教信仰都是在实践这一目标，也可以说信仰是人生进步的原动力。什么是快乐的来源，如果你把人生的格局放大一些，站在更高的地方看人生的目标和意义，那快乐自然会超脱于很多的世俗烦恼而降临于你。

对于很多人来说，面对自己的困境，他们会认为这是人生的必修课，我们奋斗的过程就是我们成长的过程，在这个过程中，我们得到能力的提高、解决问题的思想和办法，培养了我们勤奋、诚实、责任感、团结合作等美德，同时也会发现我们的不足，并及时改正。如果没经历这些，那可能就错失了人生最宝贵的收获——精神的成长和进步，而那些表面的物质层面的目标，只是一个训练的过程。

潘石屹认为一个人的成就取决于这个人的格局和眼界，看待事物的层面应该变得宽广而立体，如果只是从物质层面去看问题，这只能让我们产生嫉妒、仇恨，消耗我们快乐、智慧和人生奋斗的力量。他说："相信命运给我们安排的每一个困难和考验的背后都有着独特的智慧，愿你能明察。当我们抬起头来，把注意力放在精神成长、知识的增长和为他人的服务上，我们就得到快乐；当我们低下头只关注物质的东西，关心得失，关心名利，关心如何能比别人优越，我们得到的就是痛苦、仇恨和嫉妒。"

从爱你的亲人、爱你的家庭开始，爱你所处的社区，爱你服务的机构，爱你的国家、民族，一直到热爱全人类，你爱的范围越大，你获得的力量就越大。在这个过程中，你的梦想，社会责任等都会统一起来，从一个纯洁的爱的动机出发，找到美好的归宿。

科学思维用于剖析自己，远大的人生格局是为了成就自己。爱自己也爱别人，博爱是一切格局远大者的优秀品格。这些看似毫无意义的说教式的类似套话，却是劝人向善的根本力量。理解和做到了自省和博爱，也就能充满正能量地去生活，获得人生的圆满。

企业人需保持率真的心和快速的行动力

自省和自嘲是一种隐性的霸气，这样的人多数情况下都是能够认识自己也能够认识别人的人。一种内在的霸气是一个企业和个人的性格特征，那些表面上咄咄逼人的人往往没有多少持续的影响力，只有隐形的甚至柔性的影响力才是影响组织前进的真正动力。

我们需要明白一点的就是，人生的成就是持续的绵绵之力推动的，绝不是一种冲动式的行动就能够解决问题的。所有的成就均是很多年持续努力的结果，而不是灵光一现，人生的局面就改变了。这不符合事物发展的一般规律。

我们在做事的时候需要抛弃奇迹思维，因为奇迹从来都是小概率的事件，我们总是在谈人生的机会和机遇，这当然是很重要的，但是我们能够等待奇迹吗？我觉得最好的人生实际上就是持续奋斗的人生。也就是将一件事情坚持做好做精的简单思维，这恰恰就是人生和事业的真谛。

事实上我们看到最多的成功者，不是最聪明的人，而往往是最率真的人。率真坦白而不虚伪造作，言行一致，做到真正的表里如一。只有真诚才能帮助建立信任，因为虚伪的人迟早会被人们揭下面具。人生的正能量就是能够始终如一，得到追随者的信赖，这是成就事业的根本。时间是检验一个人的最佳的利器，一个人到底是什么样的人，短时间是可以用语言来造成一个假象，但是在长时间的共事的过程中，人们就能判断出你到底是一个什么样的人。到那时，你的不真诚就失去了追随者的信赖，于是，事业的根基也就动摇了。

所以，要做一个聪明的人，继续保持你的纯真，善良的，宽容的心。

因为只有率真者能够通过纯真的眼睛看到事情的本源。京东商城董事局主席刘强东一直就认为自己是个率真简单的人，在创办京东商城的时候，秉持的经营目标就是简单。在很多朋友的眼中，刘强东还是一个大男孩。很多人性复杂的人不能完成伟业，只有那些具有将简单的事情做到极致的人才会活出人生的精彩。

简单其实是一种生命的正能量。我们在做事的过程中需要一种直面问题，保持简单的心态和行动力，让自己的简单变成别人无法超越的特质。

在笔者的印象中，刘强东就是一个邻家大哥那样的角色，精力充沛、憨厚而精明。从零开始创业，具有非常强的商业感觉。正是这样出色的商业感觉，风投公司也是欣赏有加。和阿里巴巴的马云不同，马云是战略思想的生产者，落实到具体战略的时候，需要由传略执行层落实一道道指令。马云一开始不知道电子商务是什么样，然后在不断的摸石头过河的过程中找到正确的发展路径。就目前而言，淘宝网和京东商城两者的重点都在B2C领域。从战略路径来看京东的发展过程，没有发生过战略错误，一开始就能将事情做正确是了不起的。我们觉得刘强东大男孩式的率真让他获得了这种直接的风格。本质思维在他的思考模式中占据了很重要的位置。

在刘强东眼里，电子商务中“商务”二字显得更为突出，跟很多技术型创业不一样的是，刘强东是做生意起家的。所以他有更好的商业感觉，做事的目标性会很强。电子商务网站本身从来只是商品交易链条中的一个环节，而不是全部。不管什么样的商务，都是销售商品和服务的渠道，所以能将商品安全无误地交付到顾客的手中，才是电子商务的真谛。电子商务是工厂生产线的一个延伸，以往，产品从厂家的生产线上出来后直接进仓库，而刘强东要做的，恰恰是将产品直接送到顾客的手中。顾客能够通过信息工具就获得这样的便利。刘强东说：“京东商城更多的是定义为一个基础物流服务商的角色。应该是从节点到最后一公里。节点就是我们的仓储，最后一公里就是我们的配送。厂商就负责研发、生产、制造，从工厂大门出来那一刻开始，就算是京东的。”从这句话来观察京东，也就看清楚了。

刘强东被贴上大胆、激进、冒险的标签并非没有理由，2005年向电子商务的彻底转型就是例证之一。此前京东在保持线下渠道的同时尝试了一年电子商务，前者仍是95%销售和利润来源。抛弃95%而押注5%，对任何人而言都是一次危险的下注。那也是刘强东迄今最艰难的时光，晚上时有失眠，还开始沙漠越野以释放压力。

这其实是企业执行力和战略变革能力的最直接的体现，绝大部分企业无法越过这道坎，只会在战略选择面前犹豫并最终丧失变革机会。刘强东出色的领导力在这次变革之中得到了充分的体现。刘强东说："必要时肯定要冒险变革。在看到未来隐藏的巨大危机或机会时都要变革，等危机来了再变革就晚了。而在新的机会下，虽然原有商业模式不变革也谈不上危险，但变革后新的商业模式比原来机会大很多，为什么不变革?"在这样一次弃95%而取5%的战略转型中，我们可以发现刘强东的铁血。从这个角度来解读京东，我们发现企业经营的主要核心元素没有发生大的改变：企业的未来取决于领导人的视野和行动。

刘强东决策是否要冒险的机制并不复杂：先看风险和机会有多大，如果潜在收益大于潜在风险，而且即便全部做砸了也能承担，就放手去做。关闭12家连锁店花了约半年时间，2005年年底发现线上收入比2004年增长200%，刘强东一下子感到京东的未来明确了。只要刘强东认为自己的决策是正确的，他就能很好地执行下去。所以京东商城没有战略上的矛盾，在执行上也就能够做到上下齐心。2007年京东商城开始自建物流配送系统的时候，内部外部的反对意见都很大。当时不论是公司内还是行业中普遍认为应该外包给更专业的物流公司，但刘强东又一次力排众议。因为他看全年数据时发现，70%以上的投诉来自物流配送，而且随着销售额增加，这方面的绝对值增加很可怕。当时刘强东就认定物流是京东未来5年最重要的战略，第一、第二轮融资的70%都是投入到物流。

作为中国电子商务的领军人物之一，刘强东可以说是深刻理解电子商务本质的人，对于围绕电子商务本质的核心元素，一开始理解得就比较清楚。销售工作经验使得刘强东能够做常识性的思考，善于站在顾客的角度去思考顾客到底担心什么，自己能做什么，在合适的时间怎么做，做多少。这些现在回过头来看，京东商城基本没有什么战略性的错误。企业定位一直很清晰。把事做正确是很基础的能力，特别对于赢利周期比较长的企业，需要一种难得的定力。而这种定力，就是我们在刘强东身上发现的闪光点。

强悍、偏执、激进是外界对于刘强东的评价。其实对于一个有深厚社会学背景，同时又具有深厚技术背景的人来说，这两把钥匙都足以让他以更广阔的视角来审视社会发展趋势。刘强东对于企业经营管理的理解很深入，其实京东商城的运作经验更多来自于传统销售企业的经验，从一开始，他的起点就是创造一个比国美和苏宁更适合自己企业的模式。在开始的时候，也没有给自己设定行业敌人。尽管电子商务取代传统卖场是趋势，但就目前的市场情况看，双方的市场规模都在扩展，在现阶段，不存在你死我活的竞争态势。

在走向赢利和上市的道路上，刘强东选择了一条艰苦的道路。他先从用户体验、物流基础设施开始，走了一条“电子商务社会工程”的路子。刘强东说这条路“很难、很痛苦”，但成功后会有巨大的价值。在战略目标没有实现之前，因为京东商城的企业架构就是架设在路上的生产线，生产线上的每一个点都需要随时随地的实时控制，这是国内一项具有探索性的物流高技术工程。这个复杂的运营系统需要很多年潜心营造才能出成果。可是一旦出成果，京东商城也就处在起飞的状态了。

因为京东商城的运营模式主要源于营销渠道变革，所以从创新意义上讲，京东并没有创造出什么新产业，而是以运营效率为核心的组织目标，也是企业的战略。在特劳特的对战略的定义中："运营效率不等于战略。"可是京东的目标就是通过自己的运营效率优势最终使顾客能够在自己的服务中获得更多的利益，从而能够使自己的竞争对手处于战略守势，或者能够压垮自己的竞争对手。

很多京东的高管加盟京东后最感惊叹的是高效。每天例行的早会上提出的运营问题当天就要有解决思路甚至结果，很少有拖延到下周的，更不可能跨月。通常早会过后一个小时，所有决策已经下达到各个条线，开始执行。早会的习惯从刘强东创业之初到现在，坚持了十几年。

和马云一样，刘强东一样强调价值观在企业发展过程中的核心作用。他认为，新老员工的文化融合问题主要通过统一价值观解决。短期文化冲突不可避免，但只要价值观一致，做事方法不一致并不可怕。他给京东树立的是最简单普世的价值观：**客户为先、激情、学习、团队精神、追求超越**。

笔者非常看好京东商城的执行文化，因为京东战略已定，也就不再存在什么战略了，剩下的所有的事情就是战略执行。刘强东说："京东第一件事还是物流，第二就是研发，第三件就是收购项目。一家公司 DNA 培养有时候都需要五年、十年，当然市场的这种发展速度，容不得你等五年、十年，所以我们会用收购来补充团队的欠缺。"这都是战术层次的管理问题。

对刘强东而言，将一个十几人的团队带领到 8000 多人的公司，对内追求的是润物细无声的改变。“就像京东的首页每个月都有改变，但一般看不出来，一年后再来对比才能感觉到完全不一样。这也是我对自己的要求，不能让所有人突然觉得老刘变成了另一个刘总。”

2007年投资者进来后提的第一个建议就是建立市场部。两年前他几乎只需面对员工和客户，但现在他要面对投资者、政府、媒体，以及各种意想不到的人和事。最让他痛苦的是，作为一个棱角和爱憎分明的人，迫不得已要让社会“磨一下”。

以前的刘强东宁愿花100万元和骗子打官司，也不愿给对方1万元钱。“我宁愿公司死掉，也不容忍诈骗这种极为龌龊的事。”与刘强东接近人士对媒体表示，这不是姿态，而是真正的“道德洁癖”。现在，他仍然强调不做龌龊的事，也不向龌龊的人低头，但学会了不去分辩：“企业大了，盯着我们的人也多了。棱角越多就被打得越惨，为了公司活下去、几千人未来不至于失业，我不得不收敛棱角。”放弃棱角对刘强东而言是很痛苦的事，他并不想真的成为另一个人。不在公开场合反驳是他学会的第一个妥协，也是他所能接受的唯一一个。

也正是刘强东凡事求真，才能建立这样的企业文化。刘强东说：**“我觉得一家公司，你的很多理念都靠长期坚持。双方发展是最有效力的，不一定要酒桌上喝得面红耳赤。一个电话、一个邮件可以解决最好，双方都能够提高效率，降低成本。吃喝要花大量的成本，这些成本不是在供应商身上，就是在京东身上，最后都会转移到消费者身上去。跟供货商的吃吃喝喝，实际上是在吃我们运营部的钱，这是我们的理念。京东过去一年因此被开掉的大概有五六个人。”**

京东的企业管理比较简单，凡事都追求标准的流程，公司里面没有什么捷径文化，这一点和跨国公司巨头在企业管理上是一致的。刘强东说：“对于我来说，管理就是企业文化。京东企业文化没有严重的断层，每年员工都是一倍的增长。我们认为，只要京东人丧失了企业文化，这家公司会立马倒闭。当然，反过来说，只要京东企业文化能够在整个员工当中占据核心地位，我们的主流价值观存在的话，京东就不可能出大问题。我们的目标、使命、价值观，三个东西加起来，统称为京东的企业文化。目标非常明确，我们希望在国际、国内都能排得上前几名，属于强的而不是大的电子商务公司；我们的使命就是让消费者购物简单、快乐；我们的价值观就是注重诚信、激情、学习、客户为先和团队。”

对于这么大的一个企业，显然“人治”的方式，只能完成表面的控制。对于京东商城上万名员工，刘强东既要表现出自己铁血的一面；也要在企业里建立一种信仰，这就是企业文化，这种企业文化是一种价值观，让员工从内心认同的企业目标，并以自己所从事的职业感到荣光，员工在工作中表现出一种宗教般的虔诚。企业需要建立软实力，这是电商必然要走的一条道路，好在刘强东在近一两年之内已经认识到了这一点。企业在加强软实力方面正在做很多的工作。

很多人也说控制是一个落伍的概念，企业最好的运营方式是做资源整合，事实上，企业的核心能力是不能外包的，企业不能为了短期赢利而忘了自己的战略使命。还要再重复一遍企业战略学者特劳特的那句话：运营效益不等于战略，短期的赢利不能以牺牲未来的战略目标为代价。

刘强东是典型牺牲短期赢利而为未来做战略布局的人，京东商城最终需要有这样的一种核心能力，在别人认为不可能赢利的严酷竞争环境下赢利。而做到这一点的企业，经营完全透明，然而别的企业却无法模仿。刘强东进入的行业，都会让这些行业的竞争变得更加严酷，从个体企业竞争来说，这确实是损人不利己，但是从产业竞争的角度来说，这种竞争是为了寻求一个最终利己的战略环境。

衡量一个企业最重要的标准是其预见和投资于未来的能力，对于刘强东来说，他确实没有什么技术意义上的创新，但是他又抓住了问题的本质：真正的创新应该是改变客户的期望。这一点，刘强东真的做到了，顾客确实期待以更好的方式购买到自己需要的产品，而且是以电子商务的方式。刘强东认为，对于零售行业来讲，服务是给用户提供价值的基础，当服务做到绝对好的时候，企业不可能不赚钱。因此，刘强东在京东内部还有一个职位“首席服务官”。用出色的服务改变顾客的期望，正是京东商城的根本战略。

刘强东和京东商城的发展故事，实际上就是一个率真的人和简单的事组成的故事。这是一个充满正能量的故事。在中国，你不需要显赫的背景和关系，纯真的相信市场，也能够创造出一份伟业。这一点，就足以改变中国很多人的奋斗思维。

勇敢者游戏，企业人一定要创新

创新能力是个人和企业的一股正能量，对于个人而言，具备创新能力，那将是一件很美好的事情。因为创新是一种走出原有格局的超越行为，能够实现超越的人一定很了不起。

我们掌握的知识越多，就越容易产生新的联想，新的见解，新的创造；但我们对某一事物的传统意义知之太多，又会阻碍思维的灵活性，使我们不由自主地被前人牵着鼻子走，从而形成智力屏障，导致创造能力的僵化。

创新需要进行对外的交流，因为创新不是凭空产生的，它是建立在不同的知识架构之上的，一个人对外的交流越来越多，思考的维度也越来越宽广，做出的创新成果也就越能够接近市场的需求。

创新的人首先需要有创新的欲望，这是创新型人才的首要考量标准。创新的欲望是一种发自内心的将事情做得更好的正能量。

为创新而甘愿冒风险是探索精神的体现，领导是解决困难的，是干别人不能干与干不了的事情的人。美国前国务卿基辛格博士说："领导就是要让他的人们，从他们现在的地方，带领他们去还没有去过的地方。"领导者是面对不确定未来的人，领导者是一个事务管理者，面临的问题是如何突破自我，既能够面对确定的事情，也能面对不确定的事情。面对确定事情的能力在于执行力；而面对不确定事情的能力却是一种综合能力，这就是我们提倡的探索精神。

领袖并非天生，而领导力是可以培养的。**领袖有一种特质，那就是视创新为自己的生活方式，创新也是领袖实现自己独特价值的工具。**

创新能力是一种综合能力，这不是说单项能力突出的人就可以做创新型人才，创新是很难的事情，需要将创新目标和自己企业的资源很好的集合在一起。我们研究很多领导型的企业家发现他们身上有一个共同点，那就是自我提升的能力。他们首先能够随着自己企业的成长而成长起来，通过不断地向周围优秀人才的学习，最终能够提升自己的眼界，不断地做出正确的判断，使得企业一次次突破环境的限制发展起来。所以我们认为，创新能力的背后其实隐藏着企业领袖的学习力。

作为企业家，必须努力学习，不断地吸取新知识，增长才干和能力，从而具备多谋善断的决策才能、知人善任的组织才能、运筹帷幄的指挥能力、顺应时代的创新能力以及必要的应变能力等。只有这样，才能为下级所佩服、所信赖，下级才会相信其指挥的正确性，自觉地服从其领导。企业领袖在做好上述的工作基础之后，接下来企业才有了创新的基础。

现在在经济学界之外，人们对于创新的理解往往是“狭义的创新”。即创新往往只是指技术创新。其实真正的创新意义要比这个宽泛得多，很多带有探索性的决策和制度设置和技术关系不大，但是一样推动了经济发展。所以现在在企业界提到的创新，其实是广义创新，按照经济学的说法，只要对生产资源组合做出创造性配置方案，获得更好的经济成果的方式都可以称之为创新。企业领袖正是广义创新的推动者，也是经济发展的核心要素之一。

做企业，创新并不是目的，企业领袖整合资源的目的是为了获得更大的经济成果。这离不开我们倡导的拼搏精神。但是企业中的创新者也不是为冒险而冒险，理论上，创新者领导之下的企业应该是风险最小的企业，因为杰出的创新者会在经营过程中规避掉大部分的不确定的风险。针对具有创新精神的创业者偏爱冒险实际上是一种外界的误读。

今天这个时代如果只有爱拼肯定不能赢，企业领袖要善拼才能赢。同时还要耐得住寂寞、忍得住诱惑。创新进入执行阶段，就要把简单的事情重复去做，才可能让我们变得更加专业。关于广义创新，首先要做组织创新，企业需要一个强有力的管理团队配合我们做精做细，才能使企业更好地发展。其次是流程的创新，今天企业家们面对的是一个虚拟时代和传统时代的结合，企业家对企业的流程、企业的管理方法都会发生剧变。但最关键的还是产品创新。企业做任何东西，最后落地的和消费者直接感受的就是产品，所以在产品的持续创新方面更需要进一步去加强。

正是因为创新能力在企业可持续发展的过程中是如此的重要，所以从个人的内心如何去激发创新的正能量，就是一个所有人都关心的问题了。一个人和另一个人的差距，很多时候就表现在对事情的不同处理方式上。在我们看来，那些总是能够选择最优方案的人就是充满创新正能量的人。

我们需要从企业的角度去看待企业创新正能量的积累和培养。创新能力和其他的系统能力不一样，创新能力完全蕴藏在员工的内心之中。我们说创新者是在玩一场勇敢者的游戏，不是说这个人如何不怕风险，我们觉得创新的最大内心障碍是没有参照系的。我们在做一件事情的时候，总是说，你将前面做好的案例拿给我们看看，如果换一种说法，你确定这个新方法能够将事情做得更好吗？这样的思维实际上就开始容纳和鼓励创新了。

创新就是敢于走在队伍的最前面，这需要巨大的自我认识的勇气。正能量的源泉也就是这种敢于独自前行的勇气。**勇气是个性化的，换句话说，一个人如果没有个性，也就没有创造力。**

温家宝总理说，要提倡富有生气、不受约束、敢于发明和创造的学术自由。学术研究要鼓励争鸣，因为只有争鸣才能激发批判思维。批判思维是现代社会不可缺少的精神状态，是一种独立思考精神。要尊重个性，一个没有个性的社会是没有生命力和创造力的。一个国家、一个民族能否繁荣昌盛，关键在于人民群众中蕴藏的巨大创造潜力和独立思考精神能否得到发挥。

一个有创造力的民族，肯定是个体自我意识强大的民族。个体正能量的强大，国家和企业组织的正能量才可能强大。

同样，SOHO 地产董事局主席潘石屹对于个体的创新正能量也做过很多精彩的描述，对于蕴藏在员工身上的创意正能量充满了敬畏之心，他一直认为，创意能力是一个企业增长的内在核心动力。

有一次，潘石屹在观察一只蜘蛛结网的过程中，想出了一句很有哲理的话，他想的是："一万年后，它还会织一样的网。"这是一个企业家的哲学思维与人生感悟，他以这个故事只想说明，人类与动物最根本的区别是创造力。他清楚地意识到，只有不断地创新，才能抓住那些新富阶层的口味以及公司的生命线。企业初创阶段，他的手头上没多少资本可供"挥霍"，唯独只有靠不断地脑力激荡与创意，才能得以存活。

潘石屹在创业之初，几个还保留着极端理想主义者气质的年轻人拥挤在小房子昏暗的烛光下，起草了公司纲领，名叫《披荆斩棘共赴未来》。把自己描写为一群立志实业报国的知识青年，不为赚钱，只为探寻报国之路。潘石屹虽然也很激情，但他又清楚地意识到："百年中国历史经验告诉我，所有理想主义最终结局都是头破血流，尤其商界，它更需要的是机会主义与经验主义，这两者最易成功。"

潘石屹在清楚认识了中国企业的发展现实之后，找到了自己的突破口，就是用创新和创意去对抗中国的机会主义和经验主义，为企业找到一条新的发展道路，那就是做一个有创意的企业。

为了启发员工们的创意能力，潘石屹学习汉朝汉文帝、汉景帝的"无为而治"：减少条条框框，奉行谁有创意，就奖励谁。从销售创意上，他从不按理出牌，新招不断，大胆创新，从管理层到基层，每个人的创意都不一样。最后，潘石屹还把员工们的这些具有创意的销售故事结集成书——《幸存者游戏》。而在这本书的序言里，他不无感慨地写道："只有我们把自己变成一种空心竹子的状态，受到灵性的指引，就会发现美好，就会感受到身边的爱、智慧，精神的进步是创意真正的源泉……"

潘石屹认识到，员工内心的这种创意的灵性，正是未来管理者需要把握的财富源泉，如何转化这种灵性为财富，就需要尊重个体的创造力和员工心灵的成长。

他认为："充满创意的生命才是真正有质量的生命，才能够活出生命真正的意义和精彩，而简单的重复就是对真正生命的浪费，它会使生活疲惫无味。创意绝不仅仅是技巧上的进步，如果不是在精神上、心灵上，在自我改造与转换上下功夫，创意永远不会有太大的价值。"

潘石屹认为，激发一个企业的创意能力，只有一种可能的路径，那就是来自它们内心的自我激励，当一种激情、一种创造力，充满了他们的内心时，他们就会释放出巨大的创造力，而这一切，与管理者的激励无关、与组织的绩效考核无关，更与组织的巨额经济奖励无关。假如是与外界的经济刺激有关的话，那么，期望"创造力"生产的方法，就太简单了，只需拿出一大堆钱，问题就迎刃而解了，事实上不是这样的，它只与个人内心的激情和欲望有关，而与外部的组织的各种激励无关。你必须引导他们，让他们自己的心灵里有创意的欲望的时候，他们才会迸发出一个又一个精彩的创想。

我们知道，传统的工业企业的管理，遵循着一条基本的管理原则，那就是人才的"可替代性"，就如同塑造标准人的模式一样，任何人都是可以被替代的、可以被复制的，当一个流水线上的工人因调皮捣蛋而不服从管理时，他会被迅速的换下或复制。这是典型的物本管理，并不注重员工心灵的引导和管理。

因为企业的竞争的因素越来越依赖于知识的积累，出色的企业实际上就是完成了对某一类知识的相对垄断，如果没有建立这种知识的优势，那么这个企业从长久来说是没有竞争能力的。企业竞争本质上已经转化为知识竞赛。而且这场知识竞争没有边界，创造力不仅仅能在工作场所产生，也可以在非工作场所产生。

一个人如何才能具有更加强大的创造能力，这首先就需要改变一个人的心灵，因为只有自己认同自己的时候，才会有提出新想法的自信。这是来自内心的正能量，一个人的创意能力在带着创意的意愿之下生活，而不是只在工作的时候思考。

你是在工作，而不是在生活，这几乎是来自传统管理者最严厉的训斥了，它的言外之意是说，工作就是工作、生活就是生活，二者是水火不相容的，假如一个知识工作者去看一场球赛的话，那么，管理者会面无表情地说，你去看吧，但它与工作无关。事实上，正是一场球赛引发的心灵激荡，才使得他的创造或创意迸发出来。现在，你还能说“球赛和创意”无关吗？或者带着创意的意愿去游泳，管理者说游泳不是工作，管理者在这样的管理模式之下，就很难让人产生更好的创新能力。

解放个体的创造力将是21世纪的核心管理问题。我们该如何思考开发我们自己的创造力呢？我想首先要在我们的内心里激发一种正能量。我们仅仅明白创造力的来龙去脉，智力因素和非智力因素的全面综合还不够，还需要加入我们所有的情感元素和生活元素，才能成为一个有创造力的人。

现在，我们可以解释如何“解放个体的创造力”了。它与组织的解放无关、它与管理者的和蔼可亲无关、它与来自组织层面的激励和刺激无关，它只与个人的心态和工作方式有关。确切地说，只有当知识工作者被点燃了内心的激情时，他的创造力才会及时的迸发出来，而“点燃”个体的内心的激情，只有一个恰当的方法和途径，那就是来自它内心的兴趣或爱好的动力。

认识到这一点，我们就可以进行有创造力的管理和激发自己的创造力了。它只意味着这样一个事实：工作着也是在生活着，或者说，生活着也是在工作着，它代表着这样一种（未来的）管理：工作和生活，被合二为一，而不是传统意义上的截然对立。

一个创意或者创造事件若要得到实现需要经历下面五个阶段：洞察，积累，沉思，启发，验证。缺一不可，否则就无法实现创意成果的转化。“洞察”代表初步灵感的出现；“积累”代表我们开始进行研究调查；“沉思”指的是深思熟虑和冥想的过程。如今似乎许多人因忙碌而忽视了每天留出一段固定时间去思考。“启发”是五个过程中唯一不知道何时开始的阶段，可以在任何的场所中产生，所以工作和生活是不可能截然分开的。

创新的成果当然需要放在实践当中去验证。**我们向来坚信，实干出真知**。一切创意都要转为可执行的计划、真正有效率地付诸行动，一旦习惯了自我超越和创新这个体系，你就会发现生活品质得到巨大的提高。最后，我们必须明白，创新能力是一个人主要能力，一个没有创新能力的人在未来很难面对工作的挑战；同时，随时随地都是工作，随时随地都是生活。

生道哲学，任何企业人都需秉持开放的世界观

风景永远在别处，这是一种做人做事的态度，更蕴藏着一个更深刻的哲理。对待竞争的最好策略就是超越竞争。最美的风景总在人烟稀少处，每一处风景，都有其美丽动人的地方，别处无法替代。不然，

它就无法受到大多数人的赞扬，并能做到脍炙人口。但是，这些脍炙人口的美丽风景，去的人显然是太多了，虽然美，但并不是最美丽之处。

生道哲学的本质就是一种生存哲学，学会在竞争中去超越，而不是跟随。将自己和企业放在一个更开放的环境中，追求一种属于自己的侧向的超越之路。不要逃避竞争，退一步海阔天空的想法是错误的，因为在企业运营过程中没有退路，退一步则粉身碎骨；寸土必争的思维也是错误的，因为失去了真正走自己路的机会。真正走自己路的个人和企业，才可能成为“一代宗师”。

最美丽的风景应该在人烟稀少处。那是汽车无法到，行人难以涉足的世外桃源，是那种令人瞳孔放大、万语凝结的地方，是人们还没开发的处女地、是人类还没踏践的净土，是空气清新的大自然。

成功的投资者都是坚定走自己道路的交易者，生道哲学其实在我们的市场中不是什么新鲜的事物。超越对手一个层面的投资者，总是在市场上获得更多的机会。

在市场上，我们总是看到了少数优秀的投资者的成长，无论在哪个领域，都有太多一战成名的偶像级人物。我们在这些偶像级人物身上，发现了他们发展的正能量，这就是他们敢于坚持做自己，而不是做别人眼里的自己。他们不追随，他们做得最多的事情是在追随中实现超越。

在投资的过程中，我们总是讲趋势跟踪，什么是跟踪？你跟踪一个人是怎么跟踪的？你不知道这个人上哪儿去，他有目的地，但是我们不知道，所以我们觉得跟踪不包含判断、预测以及捕捉到这些非随机部分的含义。你一直在跟，跟上了你就赢了，中间的折返、震荡所造成的亏损，都是必然的。很多时候，我们的投资者面对的是一个信息的黑箱。不能理解投资信息的全部，他在这样的投资格局中只能做一个追随者。

比如在股票市场，这个市场90%的投资者不能赢利，这个现象能不能改变？其实是不能改变的。这就像是一个生态环境，你无法去改变它。它跟社会的整个布局也是一样的，是一个金字塔。作为一个个人投资者，他肯定会努力往上走，使自己成为少数人。只有少数的标准制定者能够在交易过程中稳定获利，他们最终赢得的不是股市运作的本身，而是在股市之外稳定了自己的地位。

所以，风景永远在别处，那些业绩一直优秀的企业，能够在股市上获得更好的表现，那些想玩概念的企业，最终往往被概念玩了。最好的竞争策略还是知识领域的超越，其实，那不过是因为领先者恰好在最开始做了自己最拿手的那件事而已。如果在特定的事情上自己做不到领先，那么这些企业就一定能够实现弯道超越，找到自己最适合的道路去重新建立领导地位。

就个人的职业正能量的积累而言，也是同样的道理，很多时候，尤其是在这种多项能力的综合考查中，一城一池的得失并没有那么重要。有人擅长出谋划策，有人乐于幕后协调，有人天生为大场面而生，有人则甘愿一声不吭地当一颗螺丝钉。这原本是再正常不过的事情了，然而它导致的却是这样一个结果：从同一起跑线出发，有些人一马当先，有些人则笨拙地跟在后面。

职业生涯起步阶段，踏实肯干的工兵型选手注定会是办公室里的宠儿。这时候的新人不需要承担什么责任，甚至不需要有什么特立独行的想法。上司和前辈的期待很简单：把他们交代的事情按照他们所要求的方式和步骤做到让他们满意为止。但是思维活跃者可能就不适合这样的工作，这种踏实、稳定和按部就班，可能恰恰就是思维活跃者的短板。这类人讨厌简单的重复，也不喜欢被约束；他们的长项是自选动作——在更广阔的空间里，创造力、协调力、沟通力、领导力都能得到最大程度的发挥。

随着经验的增加我越来越觉得，和取长补短比起来，扬长避短是一种更高级的策略。因为前者会让你变得全面、均衡，不存在明显缺陷，而后者则可能帮助你更有特点，甚至在某一个领域脱颖而出。

所以，生道管理本身其实就是创造一个新的领域，让自己重新获得领先的发展道路。这是一种智慧性的生存之道，是通过挖掘自身智慧，实现发展超越的正能量。

我们觉得生道思维是一种生生不息的思维，会打开我们的心境，让我们的心灵处在一个没有围墙的环境中，这种思维不仅仅能够影响我们的心灵，也能够改变我们个人的行事方式。**我们期望这样的理念能够让制造的中国变成创造的中国。**

中国制造的影响力遍布全球，中国人在过去三十年里创造了属于自己的辉煌，中国成为全球第一制造大国，在世界的任何一个地方，都能看到潮水般的中国制造的商品。这是中国的骄傲。但是这样的发展模式是难以为继的，因为我们使用了几乎所有的物质资源。三十年发展之路，留下了无数的教训，在这片土地上，留下了令人担忧的环境代价。国民的健康安全受到了威胁，这样的发展已经走到了尽头。

那么，我们的未来在哪里？我们觉得需要走一条自己的路，一条与环境友好的超越之路，这是充满正能量的新的发展观，不仅适用于我们的国家，也适用于我们每一个个体的发展。解放中国人个体的创造力，中国就能够成为一个永远繁荣的国家。

生道管理模式就是我们提出的一种适合未来市场环境的管理理念。这种理念不仅仅可以用在战略层面，同样可以用在微观的竞争

层面。

以前，我们的企业管理者总是倾向于人员的时间管理，他们将企业的管理简化成了对企业员工的时间管理，在生产型的企业中，这个管理模式处在了主导地位，这在未来也不会改变。但是随着社会的发展，很多基层的员工也一样受过高等教育，他们的思考模式发生了根本的变化。工作和生活之间的界限越来越模糊，办公室和办公室之外的场所都是工作场所。

在一家实行人性化管理的私人设计公司里，曾经发生了一件这样的事情：一个工业设计人员，冥思苦想许久不得其解，忽然有一天，他兴奋地告诉老总：他找到解决问题的方法了。老总问他：究竟是如何找到答案的？他说：有一天，他去看球赛时，突发灵感时就找到了解决方法。显然，他解决问题的方法，既不是来自长时间的冥思苦想，也不是来自于高额奖励的刺激，而是来自另外一个意外的生活事件，即“一场不相干的球赛”。这位普通设计师的管理事件，说明了在开放的工作体系中，依靠脑力工作的人的工作场所已经不仅仅是在办公室了。

生道智慧的本质就是放自己一条生路，类似于将一只老虎放归山林的行为。就个人而言，这样的做事方式就是做正确的事情。

著名投资大师罗杰斯说，不要让别人影响你。假如周遭的人都劝你不要做某件事，甚至嘲笑你根本不该想去做，就可以把这件事当做可能成功的指标。这个道理非常重要，你一定要了解：与众人反向而行需要勇气。事实是，这世界上从不曾有哪个人是只靠“从众”而成功的。只有善用自己的智慧的人才能获得成就。因为你的生活是你自己的，不是别人的。

不要在原地去竞争，抛弃螺蛳壳里做道菜的行为模式，如果生活真的只给自己一个螺蛳壳那么小的空间的话，其实应该多看看外面的世界。这就是一种生活的思维正能量，不要拘泥于自己的小格局，砸掉螺蛳壳之后，会发现一个更加宽广的世界。

只有给自己更多选择的时候，我们才能有足够的舞台去完成自己的事业，发现一个更加适合自己的事业。

投资大师罗杰斯就拿自己举过例子，他觉得做自己必须要有主见，将自己放在最擅长的位置上的人才可能获得终身的成就。他说："别人的忠告当然有对的时候，但事后证明这些忠告无用的次数却更多。你必须靠自己研究，尽可能学习面对挑战的本事，自行判断信息的真伪并为自己作决定。你天生就有能力为自己的最大利益作最好的决策，在大多数的情况下，经过自己的思索比违背自己的意愿而听从他人的决定，更能作出正确的决策并采取正确的行动。"

他说，"放弃自己的道路，自己变成一个追随者的时候，在几个重要的投资决策上曾经听从别人的劝告而忽略自己内心的决定。奇怪得很，每一次这样的投资都失败了，每一次都让我损失惨重。于是我不再让别人影响我，并根据自己所下的决定采取行动。直到年过三十，我终于了解这才是最佳的投资之道；但我同时也知道，我之所以会成功是因为自己遵照这个原则，而不去想会不会太迟。"

他用中国给我们举了例子。过去人家都说那不是一个值得投资的国家，而事实上，直到20世纪90年代晚期之前，几乎没有西方人真的试着在中国投资过。但是假如当时有人把钱投资在中国的话，他现在已经发大财了。

“在20世纪80年代，我发现中国大有潜力，于是开始尽我所能地收集中国的资料，开始在这里投资。当时大部分人都认为我疯了才会这么做，他们说这个食古不化、不知变通的国家，绝对不会允许外国人在这里投资成功，而且他们会没收成功者的财产。但我听从自己的直觉，尽可能地研读所有找得到的有关中国各种局势的文件，也实地参观访问好些地方做自己的研究。逻辑很简单：那个国家有超过10亿的人口，他们的储蓄率高得惊人——超过年收入的1/3，而这些钱是他们可以用来做投资的！一个有这么高储蓄率的国家，怎么可能不成长？当别人相信一些‘常识’，认为投资中国太冒险时，我听从自己的判断，大胆地投资中国。从那时开始，中国的成长已远远超越美国和世界上其他绝大部分的国家。”

事实证明罗杰斯是对的，他在中国的投资获得了巨大的回报。他说，在中国投资的成功，更加证明了一点——做投资一定要坚定下来，沉着地去研究各种真实的材料，在这个基础上去做出最好的判断，如果觉得自己是对的，对全局已经有了最深入的研究，为什么还要怕别人否定呢。实现对自己的超越，投资成功的可能性就会大增。

第四章 企业人性互动游戏：控制思维，激发正能量

这一章的文字处于中立的地位，人际关系的策略思维是必不可少的，输出正能量的过程实际上有着自己的规律。如何去领导一个人，实际上有很多种方式，通过适宜的策略是可以影响他人的，比如永远给人阳光向上的东西，别人就乐意跟你在一起。

企业需建构积极阳光的思维模式

有人说，在生活中，有个事情是最难的，那就是放下自己的伪装，勇敢的做自己。因为在勇敢的做自己之后，再去看这个世界的时候，一切都变得这样的清晰。

“做你自己”这几个字看起来很简单，但是一个人首先要明白自己要什么，一个对生活没有明确目标的人是最容易混日子，并且迷失自己的。这样的例子很多，只有那些能够认清自己的人，才会在生活中采取适宜的行动，逐步达成自己的目标。

有人说支持生命向上的动力来自欲望。为了活得更好，于是生活便成为一段寻求与满足欲望的过程。生活就是这样，你执意绝望，向下看，只会看到黄土与死亡；你充满欲望，向上看，总能看到蓝天与日出。

一个医术高明的医生，传说中能使人起死回生。有一次，他诊治一个病人时问病人：

“你抽烟吗?”

“不抽。”

“你下棋吗?”

“不下。”

“喜欢女人吗?”

“不喜欢。”

“喜欢钱吗?”

“不喜欢。”

"想要孩子吗?"

"不想要!"

"你为什么而活呢?"

"我不知道。"

……

最后这个医生问病人家属，想知道这个病人到底对什么感兴趣。病人家属说从没发现这个病人对什么感兴趣过。医生只得摇摇头说："他已经是一个死人，我不能把死人医活。"

一个能起死回生的医生却对毫无欲望的人无药可施，因为他感觉到没有欲望的人就是死人。你是否拥有过欲望呢？如果没有欲望还活在这个世界上干什么，赶快用遗憾来画上你的人生句号吧！

欲望这个东西来自自己的本能和内心后天的需求，很多人从来就没有问过自己要什么，一个不明确自己要什么的人，最容易在生活中像浮萍一样，毫无目标的随波逐流。

一个有着强烈欲望的人，如果有了行动力，就会创造机会去实现自己的欲望，这就是将自己的欲望变成社会能够接受的东西，变成有价值的东西，通过市场和别人实现交换价值。欲望可以变成财富，才华和心灵的富足。尽管在欲望和成功之间，不能直接画等号，但是事业的成功，总是从一个人的欲求开始的。有了欲求，才会去仔细观察和实践自己能够自我实现的条件，创造条件实现目标。尽管道路可能比较迂回一点，但是就人的一生来说，实现自己愿望的可能性是很大的，心想事成不是个传言，而是一种历经检验的事实。

欲望是信念的先导，欲望需要加入社会约定俗成的道德标准，就可以成为一个人的信念。

你可以不管世俗的看法、常识，以及一般人所谓的“教训”，但是必须遵守一个社会能够生存所必备的道德规范，而且有很好的理由信守不疑。一个值得尊敬的人绝对不钻法律漏洞或走后门，虽然在当下看起来可能吃了点亏，但是长远看来，终究是赢家。很多聪明人身陷泥淖，是因为他们想走快捷方式，或用不合法的方式赚钱。他们那么聪明，只要肯把聪明用在正途上，循合法的途径一定会赚到钱，但是他们没有这样做，结果因为走快捷方式而蒙受损失。

我们觉得做一个有道德的人是有价值的，这和很多人内心的真实想法有出入。因为一个人追求的成功是持续性的，不能持久性的成就是没有意义的。那些能够做大事的人和善终的大人物，都将自己的道德标准制定得比较高。

我们认为，只有基于道德的积极思维和信念才是有价值的。有些人敢于走自己的路，不是出于自己的勇敢，而是出于自己的道德给予的勇气。在我们做事业的过程中，只是“认为”这东西有价值不能构成投资的理由。除非你能很“确定”这个东西有价值，不然不要投资。确定这个事情的能力，实际上就是扪心自问式的问题。这个事情真的对我如此重要吗？如果真的认为这是重要的事情，那么为什么不去做。发现一个年轻漂亮的姑娘，为什么不去展示自己，去勇敢地追求呢？

我们在生活中，或者工作中，为什么需要积极思维呢？因为这个世界上的任何事情都是可以转化的，很多当年看来不可能的事情，今天也都完成了。举一个简单的例子，十年前的房价其实也不便宜，很多毕业生将自己买房子当成自己的梦想，但是在毕业几年之后，这些人基本上都置业了。带着任务往前走的人会不断遇到解决问题的资源。

做其他的事情其实也是一样，我们说过，一个人需要理想，虽然这不是谈理想的时代，但是我们还是需要理想。因为我们需要告诉自己做一个什么样的人，达到一个什么样的高度。我们会根据自己的想法去组织我们的资源，特别是我们自己的心，我们需要做一个有准备的人。

但是你一定、一定要记得，在做你认为对的事情之前，要尽自己所能地先做好功课。找出任何可以到手的数据，仔细研究，彻底分析，直到完全确定你的想法是正确的。绝对不要在还没这么做之前采取任何行动。你会发现，那些不成功的人通常是没有花时间研究就贸然涉入一个他们不了解的领域，更糟的是，他们拒绝学习，结果赔上了宝贵的时间与金钱。

有了积极思维，就会努力寻找实现的路径，有时候，积极思维方式能够成为我们成长的可持续的动力，使我们在路上不会停息。

投资也好，做一项事业也好，其实和生活一样，细节往往是成功或失败的关键。所以你不能忽略任何细节，不管它看似多么的无关紧要，你必须搜寻、验证每个信息，只要与你的投资决策有关，都不能掉以轻心。任何让你觉得不安的问题或感觉，都要找出答案来。大部分人之所以不成功，原因往往出在研究不够彻底，只看他们随手可拿到的信息。唯有系统化、巨细靡遗的研究，你才会得到成功所需的知识。当然这需要勤奋地下苦功，但是这种努力的代价足以使你比别人占优势。

有了积极思维，就能够将自己感兴趣的事情彻底搞清楚。在这个搞清楚事情的过程中，实际上自己看待事物的眼界已经悄悄地提升了。当你发现有一件事是你感兴趣的，也别让年龄牵绊你，去做就是了。因为积极思维和对自己热爱的事业，你甚至可以十年如一日的去苦苦追求，而不觉得有什么苦痛。这就是做事过程中带给我们的快乐。

我们可以将这种快乐带给其他的人及带给自己的团队成员。这样，个人的理想就能成为大家的理想。很多看起来不可能的事业其实就是这样做成的。

量子基金的创办者索罗斯说，研究世界各地发生的事并且知道得透彻详细是我的乐趣。早在学生时代，我就对世界各国的历史地理深感兴趣。当我到华尔街工作时，我一向热衷于研读世界各地的历史与当下的时事。假如选择一个你不关心的领域，你就不可能有希望获得成功。我会很高兴免费研究这些事。能做自己喜欢做的事的人，他们不是在“上班”，而是每天迫不及待睁开眼睛，赶快去享受工作的乐趣。

积极思维会让人更加努力，成为自己领域的佼佼者。这是自我管理能力强的人最终出成就的地方，不成为自己领域的专家，是没有机会脱颖而出的。仔细观察每个领域的成功者，不论是音乐家、艺术家或是什么专家，他们之所以成功都不是因为模仿别人。有任何人因为看着别人的作为有样学样而成功的吗？回答是：每一个杰出者做到的，就是做你自己，一个忠于自我、独一无二的自己。

积极思维可以使人们脱颖而出，就是因为他们做的是与众不同的事。要做别人不敢做、不愿做的事，你得有热情与勇气，而成功永远降临在那些大胆冒险、敢走别人不敢走的路的人身上。比如惠普这样的美国科技公司，永远不怕跳得太高，即使可能因此使一些产品卖不出去或报废，也勇于尝试新的机会。

最后一点，我们对自己的事业认识清楚以后，就能够投入大量的时间去追求自己需要得到的东西。积极思维也能够帮助我们获得勤劳。尽管对于知识工作者来说，勤劳不一定能够出成果，但是勤劳却是一个不断创造成就可能的条件。这也是一种生活的正能量。

我们如果是一个企业主或者投资者，就需要勤勉这样的精神，罗杰斯说：假如你要追求一样东西，包括投资在内，千万不要低估勤劳的价值。仔细研读每一份你所能拿到的财务报表，包括附加的细节批注；求证每一份报表的正确性，以及最高管理阶层预估这家公司的未来走向、未来产值。自己“动脚”找出他们的顾客、厂商、竞争的同业，以及任何可能影响公司营运的人，问他们细节以求证报表的真实性。除非你有把握比98%的华尔街投资分析家更了解这家公司，否则不要把钱投进去。没有额外的努力与付出，成功是不会落在你身上的。

成功属于那些积极思维的人，因为他们能够带来积极向上的正能量，也能够处于自我成就的愿望，做事认真细致，将自己的事业发展到极致，成功也就水到渠成了。

信念落实：管理者需做个自动自发的人

德鲁克告诫我们：“**不要试图改变自己，这样做是不能成功的。相反，你需要努力工作，改进你做事的方式。不要采用你做不到或做得不好的方法工作。**”信念落实的过程，实际上就是成为自己行业的专家。

德鲁克是对的，我们在工作的时候必须考虑自己的自身条件，也就是说，做事情需要根据自己的价值观来定。组织必须拥有价值观，人也需要拥有价值观。德鲁克认为，要在组织中发挥应有的作用，我们的价值观必须与组织的价值观保持一致，不必完全一样，但是必须足够地接近，否则我们不仅会遭受挫折，而且也不会创造出优异的成绩。

激发正能量的本质是实现自我管理，就是落实自己的信念，将自己变成一个能够自我激励，做事自动自发的人。人与人之间的差距，往往就在这样一个主动和被动之间产生，每天产生一点点差距，在数年之后，我们就会发现实际能够自我努力的人已经站到人生的高位，而那些将业余时间奉献给打牌喝酒的人，到了一定的年龄也无法实现知识和专业能力的积累，所以也就没有进步。这样的事例很多。

我们看到很多人在离开学校以后，经过了多年的自我努力，成为某一领域的专家，然后开始在自己的专业之上建立一个事业。那些能够自我努力的人无论在什么样的条件下，总能逆流而上，自我努力的人身上蕴藏着一股正能量。无论到哪里，实际上都是发动机型的人。

一个人需要自己努力，让自己处于一种阳光地带。拥有发展信念的人，成功的概念就是达到自己的欲望。**激励自己的最好方式就是做一个有志向的人。**

一个自觉自发的人，信念一定来自自己的内心，而不是外界强加给自己的，我们谈及的信念正能量，实际上和很多人追求金钱美女的愿望是不一样的。我们觉得正能量的东西是放在一个更大的平台上来检验。

一个拥有正能量的人实际上是为了完成金钱之外的自我实现的愿望。尽管金钱对于每个人都很重要，但是做好事情的人总是将自己的信念放在一个高于金钱的位置上。为了高于金钱的目标活着，这个人就一定不是个平凡的人。

现在在企业中，企业外部环境变化实在是太快了，我们的团队实际上没有一个所谓的守业状态，都会处于创业的状态，所以没有坚定信念的人，根本就不能适应这种高压力的生活。如果你不是一个喜欢冲浪的人，却时时刻刻处于冲浪者的位置，那样的话就一定会痛苦。但是对于那些乐于逐浪者而言，过程就是一个很刺激和享受的事情。

很多企业家在成功创业之后，与大家分享自己的创业心得的时候，总是会谈及自己的信念问题，他们认同自己的成功都是在信念指引之下的成功，如果一个人相信他能做得到某事，他就能做到；而如果他相信某件事做不成，花多少力气说服他都没有用。对于创业而言更是如此，所以不要因为创业而创业，如果你选择创业就一定要有必胜的信心，这样会让你在创业的路上事半功倍。但如果你是为了创业而创业，你就不会对自己所做的项目抱着必胜的信心。在遇到困难的时候很容易动摇，这样一来创业的成功率也会大大下降。

自我激励是一切成功人士的主要内心行为特征。自我激励的本质就是能够可持续的去做一件事情，创业本身是一条极为艰苦的道路，我们很容易陷入一种僵局，甚至很多时候你会觉得自己真的快坚持不下去了，这个时候没有人能告诉你，坚持下去会是什么结果，信念本身是个毫无理由的东西，如果你认为自己可以，那就真的可以，如果你动摇了，你放弃了，那么你将永远不知道成功是种什么感觉。

自觉自发的做事行为实际上就是一种做事情的要注。创业者要坚持信念坚持原则，别说小公司，大公司多元化也有失败的例子，小公司更应该抓准一个点把它做深、做透。这样才能积累所有的资源。专注就是有所不为才能有所为，这点非常重要。成功者都是身处所在领域的专家。

软银创始人孙正义和马云的创业感受是一样的。孙正义回忆说，自己在创办软银的时候，没钱也没有经验，同时也没有生意上的关系。唯一仅有的只是热情和激情，还有一个成功的梦想。马云说自己相信互联网会改变中国和中国商业，正是抱着这样的一个信念，创办了自己的公司。

孙正义说："我也是一步一步来的，首先我是从小的行业开始做起来的，但是我始终保持着一点，即便这是一个很小的行业，很少有人理解它，很少有客户能做生意，但我仍然要做到第一，我一直要做到第一。我不管这个行业有多小，只要我能做到第一，我就会满意，所以说我还是建议大家，如果大家是年轻有为的企业家，建议大家要找到一些领域，你们能够成为第一的，你们可能在某个小镇成为第一，可能在某个业务领域成为第一。但是你只要成为第一，人们就需要你，不管是一个很小的行业，很小的人群或很小的领域。在一个领域里面非常成功的人，先占据一个小领域，某一天你会成为一个大领域的第一。"

孙正义说，自己创业的时候，做了自己最大的努力，现在回头看自己，觉得很佩服自己。创业者需要将自己的这种激情和热情保持下去，保持十年、二十年甚至一生。你就会发现，人生因为信念和激情会变得很大的不同。那样的一个人不仅仅能够实现自己的理想，还能够超越自己的理想。

孙正义说，每个人最珍贵的就是自己的梦想，当创业者有了梦想，坚持信念是创业者在困境中必须坚守的"心灵砥柱"。你要为自己的愿景设计不同时期的战略方针，按照时间去倒推，每一个阶段你要达到什么样的目标。不要被眼前的利益或麻烦所困扰，不断创新商业模式，为专注于你所认同的这个行业努力奋斗。

在互联网领域，孙正义相信这个东西一定能够改变世界，所以自己坚定地认为自己的愿景和信念是正确的，他在全世界寻找在互联网领域最优秀的人，然后投资他们，在中国见到马云的时候，在短短的六分钟内就敲定了投资阿里巴巴。因为一个怀揣信念的人，总能够在适宜的时间找到适宜的人来完成自己认定的伟大的事业。

孙正义说，自己之所以投资阿里巴巴，是因为他觉得马云是一个信念坚定的人，是为了梦想永远执着的人。而且最重要的一点，他看到当时所有的互联网公司都在复制美国模式的时候，马云选择了创立新的中国版商业模式。孙正义说，我看好他们的模式，敢于为了新模式而拼搏的人一开始就是一位领先者。

孙正义说，一位商业领袖只会听从自己内心的呼唤，将自己的信念变成一份伟业的过程，都是没有参照系的。十多年前，当互联网还是个小产业的时候，软银就立志做到第一。那么现在，软银在无数个小产业获得了第一，从而也找到了自己的生存价值。

马云是一个自动自发敢于领先的企业家，孙正义当时是这样认为的，在后来的时间里，马云确实在中国互联网领域确立了自己的商业霸主地位。孙正义说："我相信他，因为他是一个意志坚定，充满激情的人。"

激情和信念是创业者给自己的，任何人可以骗得了别人，但是骗不了自己。一个对于自己事业执着的人，他们身上的自觉自发的正能量你能感受到。跟他接触的人，会被他融化掉。所以做事业一定要有激情和理念，你才能感染自己和其他人。在最困难的时候，在所有人绝望的时候，你要感染你的客户，感染你的员工，感染你的合作伙伴，甚至要感染所有人！马云就是这样的典型教材，阿里巴巴企业的整个创业史都在证明，一个人需要为理想去做执着的行动，一个企业也需要为了理想去做执着的行动。

做一份事业的本质是做事并且坚持着去做事。然后在发展的过程中去逐步化解原来看似很难解决的矛盾，有些问题可以绕过去，有些问题绕不过去就勇敢地面对。真正的创业者要少说多做，要把自己美妙的想法努力转化成结果。

从孙正义的身上，我们可以看到，作为一个成功的创业者，首先是要有敢于奉献、敢于承担风险的魄力，同时还要具备敏锐的洞察力，及时把握机遇。当然，最重要的是坚持。而这些则是一个成功的创业者所需具备的基本要素。其实，孙正义自己认为，做事的根本是要信任人，信任是领导者必备的品质。事业越大，越需要信任人。

有信念的创业者总是能够赶走企业内的负面情绪，马云就是一位难得的鼓动家，即使在企业最困难的时候，也能让整个企业激情满满。谈到创业初期的困难，联想前总裁柳传志认为其中一个是企业项目定位容易出现变动，这一阶段团队人心不定，易出现分歧，这时，第一把手“绝不能装大尾巴狼”，要主动将思考的过程与团队分享，再做引导，共同成长，否则团队很容易因意见不合成为一盘散沙，兵败垂成。所以，创办一项新的事业，一定要有定力去完成既定的事业，领导者一定要充满正能量的去工作，唯有如此，才能成为一个合格的企业家。

企业员工和顾客的意识如何“被操纵”

作为企业人，不仅要学会用正能量影响自己，也要学会用正能量去影响别人。影响别人实际上有很多策略，这些策略在人类的谋略学里面实际上已经汗牛充栋了。所以我们也不想就谋略方面去做更多的阐述，而是围绕个人和企业如何去影响顾客的视角去讨论这样的问题。做企业的目标是单纯的，就是为了获得自身继续发展的利润，而不是为了其他的政治野心去获得额外的影响力。企业需要的就是一份能够影响顾客购买行为的正能量。

我们觉得，不管什么样的企业，最终都需要拿出自己的产品和顾客去做对话，我们不能够只让我们在企业内部拥有正能量，其实企业的成果是在外面的，所以，影响顾客才是最好的正能量，让更多的顾客认同企业，企业才能有发展的动力。

谁能影响更多的顾客，谁就能在未来的竞争中胜出。未来的竞争建立在和顾客的深度互动的关系上，认识不到这一点，就不能把握未来市场发展的趋势。所以和顾客在一起，想他们所想，做他们想做的事情，理解他们，懂他们，最终引导他们，让他们自发的围绕在企业的周围。这是未来市场的一个形态。

我们看到很多优秀的企业家，他们非常善于和自己的顾客打交道，他们是创立了企业学说的企业领导人，他们是经济领域的佼佼者，是万千顾客仰慕的英雄，他们重新定义了自己的行业。不管这个人在不在现场，他们都能得到团队成员和企业顾客的敬仰，人们自觉的团结在他的周围，领袖身上发出万丈光芒，人们自觉自愿的将自己的思想汇入到他的光辉里。

企业外的顾客像崇拜明星一样崇拜一些企业家，这些企业家到底对顾客做了什么？让顾客都迷失了自我。因为这些企业家以产品为媒介，将自己的思想灌输给了这些顾客，让顾客在宗教般的狂热中接受了企业的产品。从营销学的角度来说，这是一种可以传导出去的正能量，能够给企业带来真金白银的正能量。

顾客的意识是可以被操纵的，这是一个人尽皆知的秘密。现在在公司组织之外的很多组织，实际上就是建立在对群员进行洗脑的基础之上的。很多企业家是一个造梦的人。没有梦想的人会被有梦想的人领导，能够精确理解企业领袖的意图是作为团队核心成员的条件。在企业中，最核心的东西是企业领导者的性格和特质，企业领袖是企业文化建设的原动力，因此，要特别强调企业领袖对于企业文化建设的重要性。一句话，企业家把自己的梦变成了企业的梦想，也变成了顾客的梦想。

很多人为了购买苹果手机彻夜排队，苹果拥有什么样的力量呢？他们拥有“乔布斯思想”是最大的原因。已故的苹果领导人乔布斯是向顾客兜售企业思想的大师。在灯火辉煌的体育场里，乔布斯的演讲往往会刺激听众大脑中多巴胺的分泌，多巴胺尽情释放，听众倍感快乐。领袖都拥有这样的魔力，也许很多的企业领导具有脚踏实地地开拓事业的能力，但是具有非凡魅力的领袖，在企业界总是很少。领导者只能够领导自己的企业和团队，而企业领袖不仅能够领导团队和员工，还能领导大众。在具备领袖的企业中，领袖走在队伍的最前面，后面紧跟着自己的团队，然后是自己企业的员工，再后面就是成千上万的顾客，他们和企业领袖之间有一种特殊的情感联系，他们是领袖的支持者，他们愿意在企业的外围捍卫企业的价值。这就是思想力量，属于意识形态领域。

领袖用梦想领导人，他们将自己的梦想变成大家的梦想。每个领袖的发展历程都是先征服自己身边的人。领袖和追随者之间有一种天然共生关系。领袖最初的追随者逐步形成企业的核心团队，将领袖的思想转化为实际行动。有领袖的团队不再是乌合之众，他们紧密地团结在领袖的周围，团队接受领袖对未来伟大愿景的描述，领袖是团队梦想的制造者。

企业领袖的梦想就是一个企业的梦想。当亨利·福特在一百年前说他的梦想是“使每一个人都拥有一辆汽车时”，你会认为他是神经病，但现在的美国社会，他的梦想已经完全的实现，那我们又如何理解在一百年前有一个疯子曾经说过这样的话呢？这种梦想通常会使人感到不可思议，但又会不由自主被它的力量所感染。因此，如果愿景是一种立即就被人所能把握实现的目标，那它充其量只能说是一个战略目标，而不是我们所说的梦想。愿景的力量应该在于它是处于可实现而又不可实现的模糊状态，它既是宏伟的又是激动人心的。所以有的企业领袖跟我们说梦想不可能实现时，我们会问他，假如梦想是那么轻易就可以实现的话，那愿景又怎么会激动人心呢？

因此企业领袖要关注的是团队的梦想是否能经常让成员热血沸腾，甚至热泪盈眶；能否经常让成员为它彻夜难眠；能否让你有一种热情，一股冲动，想将它与顾客分享。如果没有，这些就不能称之为团队梦想。

对于普通员工和普通顾客来说，他们不具备站在战略高度分析事物的视角，所以他们的思考更容易被企业领袖所左右。在一个企业中，企业领袖给团队制造梦想，而团队又会成为企业梦想的维护者和执行者。企业领袖可以跟自己的团队非常具体的将未来的美好愿景描述出来，同时给出实现梦想的思辨方法论。在方法论的指导下，团队成员能够制定出适宜的发展路线图。

为何在一个更高的企业运营的层次上，我们要强调做企业领袖而不是做企业领导。领袖不仅给团队制造梦想，而且给一代一代的继承者制造了梦想。我们看到一流的企业领袖总是在最基础的制度层面上发力，把企业一切力量都集中到实现梦想的征途上来。企业领袖创立了一种“企业意识形态”的东西。意识形态可以深入到每个员工的骨子里，在心灵层面上让员工自觉地与企业的目标保持一致，这才是梦想的作用所在。

企业领袖即使老去，他的思想依然可以领导企业，这就是伟大梦想的魅力所在，企业的继承者不能越出这个意识形态的边缘。企业家的肉体可以死亡，但是他的思想却能够传承下来。让我们回头再来看看苹果公司的例子，虽然在2011年，作为企业领袖的乔布斯逝世了，但是继承者依然奉行创立者乔布斯的衣钵，顾客依然认为，他们是"乔布斯思想"的正统继承者。所以在短期之内，我们依然可以看到企业外部的支持者还是一如既往的支持苹果公司的产品。未来苹果可能会面临更多的挑战，但是我们可以看到思想的力量，梦想得以传承，梦想依然让苹果具有颠覆性的市场力量。

任何一个卓越的企业家，都毫无例外地是企业第一个，也是最高级的推销员。作为推销员的企业领袖，他所重点推销的不是企业的产品和服务，而是企业的观念、哲学、文化形象等。企业领袖只有成功地推销出这些优秀的精神产品，才能使之转化为优质的物质产品。

顾客只有接受了你的精神文化，才会乐意接受你的物质文化。区别一个卓越的企业领袖和一个普通的企业领导的显著标志之一，就是看他会不会创造精神产品，善于不善于推销精神产品。比尔·盖茨、张瑞敏等这些一流的企业家，不仅把他的精神产品推向了员工，销向了国内，也销向了世界。

向谁推销？一曰向内推销。企业领袖只有把自己的一整套哲学、文化、战略转化为全体员工的共同认识和行动，企业的经营管理才会成功，而这个转化的过程，就是企业领袖向员工推销的过程。二曰外部推销。如政府、消费者、供应者、中介组织、媒体、竞争者、社会公众等。

怎样推销？向内的推销重在灌输。有不少人认为灌输是一种落后时代的方法，其实这是一种片面的认识。任何时候，任何群体，都有先知先觉者、后知后觉者、不知不觉者。作为企业舵手的企业领袖，

自然应该是先知先觉者，应该去教育、引导、启发后知后觉者与不知不觉者。这个过程，离开了灌输是不行的。对外的推销重在沟通，沟通的方式多种多样，有的企业家是媒体的常客，有的企业家是讲台上的教授，有的企业家则擅长著书立说。

作为推销员的企业领袖，需要自觉地修炼理论思维能力、社交能力、演说能力、写作能力、沟通能力等。

一个简单而有效的影响别人的方法是以身作则地领导。作为领导，你可以通过自身的行动来传播价值观和各种期望。那些显示忠诚、作出自我牺牲以及承担额外工作的行为特别要以身作则。尽管远大理想是企业领袖人格魅力的基础，但是企业领袖还需要团结好自己的团队，在做好当下工作的时候，才能够一次次用远大理想来激励人。出色的企业家必然能够建设好一个美好的现实，然后在这个基础上才能让团队相信未来的美好，没有当下的企业能力的积累，远大理想也可能变成空中楼阁。

现在的企业如何对外传播正能量，很多企业早已经进行了十多年的实践。话语权是对外传播，它会改变顾客的主要推动力。互联网企业更是发挥自身影响力，争取大众的理解和支持的典范。

> 网络社区和网络社会的关系，国内很少有人做这方面的研究。很多人对于电子商务大鳄们拼命抢占市场占有率和扩大规模不理解，其实我们将他们放在社会的角度也就理解了。我们研究实体社区，发现小区一开始边上的商家都是保本或者亏本经营，这些商家为什么要这么做呢？因为他们是想和自己的社区一起成长。这个社区越大，人气越旺，作为商家就能获取更多的利润。
>
> 有很多的商业书籍指导人们说，不要考虑什么间接的策略。

尤其是小的创业者，要直接获取利润，眼光要尽量的放短，从某种意义上来说，这些观点是对的。但是对于那些网络大鳄们来说，他们做事情就没有那么短视了。

其实这些电子商务的大鳄们都是网络社区的组织者和建设者，这个才是他们真正的角色，既然是社区，那肯定是按照功能来划分的，单纯地以经济为目的的网络社区，那就是我们说的大型网络商务平台。

我们不可以说网络社区就是这些网络大鳄们建立起来的。其实在建设网络社区的过程中，它是参与社区的所有人共同建设起来的，这里面有很多复杂的互动过程，在这个过程之中，这些核心的企业行为起着协调和管理职能。大量的蜂巢并不是蜂王建立起来的，它是由千千万万的工蜂在自觉自愿的本能基础上建立的一个王国。参与网络社区建设的人，绝大多数不是该企业的员工，而是网络平台的顾客，因为顾客多了，社区大了，这些网络平台也才能扩充人手，投入更多的资金来完成自己社区基础设施的建设，以及游戏规则的制定。

现在我们就明白为什么那些网络大鳄们不断鼓吹中小企业上网的原因了。因为有个人站在高处，手里面拿着一根长筒望远镜，说，在前面很远的地方，有一群狼正在赶过来，我们所有人必须筑墙，否则我们都会有被吃掉的危险。

结果果然有很多小企业和个人在网络先哲们的指引之下做起了筑墙的事情，因为这个事情必须去做，这和自己的未来息息相关，所以大家也都是满怀热情的去做这个事情。上百万人在这儿构筑这个庞大的城堡般的社区，上百万人在吃喝拉撒的过程中造就了网络电子商务热闹非凡的局面。绝大部分人在为大型电子商务平台筑城的过程中，学会了在网络上消费，买东西，养成了网络购物的习惯。上百万买家的购买力是惊人的，他们造就了好几个这样的上市公司。

网络购物习惯养成之后，谁也管不了狼是不是真的会来。但是人们在购买东西的时候，总会对自己或者别人说，要不要淘宝一下，要不要京东一下，要不要当当一下，或者其他什么一下。其实消费者购物习惯的转变，才是网络大鳄们终结的经济理想。因为电子商务改变经济格局的时候，他们就会成为这个时代的英雄。

电子商务在中国大陆还不是撼动整个经济体系的力量，所以前面我们讲的策略，这些网络大鳄们还会不断地使用。也许真正改变人类社会的东西首先就是人们的意识形态和认知。关于各种政经势力争夺人类意识形态阵地的努力，伴随了几百上千年的人类历史。电子商务首先要改变的是人们的心智。

改变人们心智的努力是一种群体艺术，作为思想的领舞者，需要高超的技巧。国际一流企业其实在这个方面都做得非常出色，只是在这个方面没有多少人去研究他们，其实有很多的案例可以作为我们的 MBA 教程。当然，MBA 案例在多数情况之下已经属于后知后觉了。

企业对于社会和顾客的观念的影响能力，从企业的视角来看，那就是最大的一股正向的影响力，是一股巨大的正能量。

新大陆：网络时代的企业话语能量

当下的中国，已经进入了互联网深度互联的时代。我们不能无视网络带给我们的影响，在最近十年，互联网已经在悄悄地且加速地改变中国。

在本书中，我们深入讨论了网络社会对于企业内外环境的影响，我们生活在这个伟大的时代是我们的幸运，但是也带来了深刻的变革，我们需要学会在新的竞争条件下生存，依托互联网的优势为企业和个人发展全新的正能量。

法国法学家米歇尔·福柯在《话语的秩序》中最早提出了“话语即权力”的观点，从此话语权开始成为研究的热点问题。随着网络成为人们行使话语权的新平台，网络话语权的问题也被提上研究日程。其实在国内关于这方面的系统研究还没有很好地进行。但是信息流作为社会要素和经济要素之一，很多的网商已经意识到了网络话语权的重要性，而且早已投入到了商业实践之中。

在福柯那里，话语是一种实践活动，在书写、阅读和交换中展开。他认为，在任何社会中，话语的生产都会按照一定的程序而被控制、选择、组织和再传播。其中隐藏着复杂的权力关系。任何话语都是权力关系运作的产物。在网络中不能反思和理性思考的人注定只有被引导的份儿，他们只能作为信息的接收者，也就自动的交出了影响他人的权利。这也引申出一个网络情绪化的问题，关于这个问题我们将用专文讨论。而网络信息传播者则善于调动自己的一切资源，让自己的信息和观点在网络上无处不在，因而逐步地掌握了对网络传播的主导权，这种主导权用在商业宣传上就能带来直接的利益。

在以往的社会中，统治者倾向于垄断媒体，让信息经过选择以后通过单一的渠道发出去，维护的是自己的一亩三分地。网络时代，互联网的传播形态本身就是多点和杂乱的，所以会有无数种声音同时传播。在网络媒体时代，一个企业或者个人发出信息的能力决定了网络话语权的大小。一种声音传播出去，往往就是对另一种声音的压制，尽管信息看起来是自由的，但是其实商业信息传播能力本身就是一种商业权力。

德国学者诺埃勒·诺依曼提出了“沉默的螺旋”理论。根据这一理论，越是在网络上积极的人越是容易得到支持，越容易获得话语特权，扩大自己的影响力。但并不是所有的大众都可以成为话语的制造者、话语权的拥有者。这是“会哭的孩子有奶吃”的理论说法。

这告诉我们一个事实，企业在内部做得再好也只是做好了基础工作，企业必须在外部建立自己的网络信息影响力，企业影响顾客的模式需要做全新的改变。这是一种经营的正能量。企业必须去把握它们。

如果一部分人拥有了大众媒体的话语权，同时意味着另一部分人的话语权相应地被剥夺。网络话语的表达也是有条件的。要做一个上网的发言者，既要受到年龄性别的限制，又需要有一定的知识和上网所需的时间与金钱。这些人群的有限性实际上也说明了网络只代表了这一部分人，他们的声音无法代表大部分公众。对于企业而言，多数情况下他们只代表自己的利益。

电子商务正在加速改变商业的版图，把头埋在沙子里的时候，电子商务还在改变着全球的商业形态。而且这样的改变是根本性和不可逆转的，所以我们需要全新的基于网络的跟顾客沟通的新模式。

其实从意识形态斗争到网络上一个针头线脑的销售，哪一个能够离得开对网络话语权的抢夺？我们注意到活跃在网络上的人，媒体可以将他们的观点指数级加倍放大，然后靠这样的话语引导力去影响公众、影响自己的顾客。

所以用自己的话语去影响公众，在媒体特别是网络空间里抢夺网络话语权，已经成为国内外网络大鳄们的秘密武器。

我们很多人都认为政府对意识形态的控制是第一位的，对于商业价值观这种东西觉得不是很重要，其实商业广告传播后面都是在说教，而这种说教大部分的民众根本就没有免疫力，我们处在网络和媒体集中轰炸的社会中，要扪心自问一下自己的观点是从哪里来的，是怎么固化在自己的头脑中的，我们才会知道，**现代企业的价值观传播比我们实际认为的要大得多。**

从某种程度上来说，消费社会的形成跟企业对消费者价值观的引导起到了主导作用。福柯认为，**权力问题的关键并不在于谁掌握了权力，而在于权力是如何发生的，或者说关键在于权力是如何运作的，这就是权力的技术、权力的策略、权力的机制问题。这就谈到了制信息权的问题。虽然网络上每个人都能发出自己的声音，实际上网络话语权还是掌握在少数人的手中。**

没有网络话语权就想主导网络生意，其实这是一个不可能完成的任务。网络主流的声音还是由一些网络精英发出的。他们不仅有机会发出自己的声音，也有能力将负面的声音和意见影响最小化，这里面有很多技术手段的问题，也有支持自己成为主流声音的硬性力量。很多人都以为网络既然是平等的，那么人们发出的信息能力也是平等的，而事实上不是这样的。

网络话语权的大小，也就是企业输出正能量能力的大小，也就是企业社会权力的大小。企业的社会权力不再是政府授予的，而是在网络话语权的争斗中抢占过来的。

福柯指出，在西方工业化社会里，人们一直强烈关注着“由谁实施权力对谁实施权力这样的问题。”他认为，“由谁实施权力”的问题不可能与“权力是如何发生”的问题割裂开来解决，权力是如何发生、如何运作的问题远比权力由谁实施的问题重要。福柯的意思其实说得很明白，只不过学术的书读起来很拗口，福柯给我们的问题是：到底是谁才能真正引导网络的舆论，然后能够为己所用。

比如，**石原莞尔和是正信在整个侵华战争的策划过程中起到了重要作用，同时日本参谋本部也有一些只有中级官阶的青年参谋也积极参与了整个计划的规划和制订。日本高层和一些文官在他们的影响之下接受了他们的战略策划，也就有了后来给中日带来灾难性的战争。而这帮谋划者才是真正在影响大局的人。同样，互联网上的影响力不是那些铺设网线等基础设施的人，而是那些精通互联网信息传播，将这个新的疆域的传播资源整合起来，为己所用的人。**

回到网络传播话语权的问题中，即是说，受众在什么地方、以什么方式、和什么人、如何去说话，还有这些话最终起到了什么作用。在很多时候，不同的人说的话可能存在着极大的差异。传播学中有“社会话语权”的概念，不同的说话者（传播者）说出的话效果是不同的，而这是由不同的说话者的社会地位以及其在社会中所可能发挥的作用决定的。

不同的声音，马云说一句和一个草根说一句是不一样的，因为马云事实上是能够影响整个中国电子商务格局的人，在几千万网商的眼睛里，他是电子商务的教父，是引领电子商务未来的人。

在网络时代，互联网是企业一个非常有用的工具，企业既是一个经营者，同时也必须是一个媒体人，这是时代赋予经营者的新角色。认识到自己是一个媒体人的角色的企业经营者不是很多；认识到网络空间只是一个虚拟的存在，跟自己企业的经营桥归桥、路归路的人现在很多，所以他们还不知道网络话语权为何物，还不知道在虚拟的空间里架设自己的高音大喇叭。等到企业需要的时候，才知道这个世界的经营规则已经变了。

在以后的企业中，会有很多的企业设立网络传播部门，负责发布自己企业的信息和新闻，学会与网上的网民互动，用于控制自己的网络传播，使用网络进行公关，从而牢牢掌握信息传播的主动权。

明星化是很多行业新传播的特征。不管你处在什么行业，你要么成为行业的明星，享受着明星效应带给自己的好处；要么默默无闻，老实巴交地过日子。在以前没有网络的时候，大家的日子都是那样过；但是现在工具摆在面前，不知道如何使用工具去发挥自己的影响力，那就比较悲哀了。没有影响力的人，当然不会拥有影响人的正能量。

网络能量场，企业的商业舆论引导行为

不管人们现在承认不承认，网络已经超越电视媒体，成为了真正的媒体之王。一个优秀的人不仅要做得好，也要说得好；同样，一个企业，不仅要做得好，更要说得好。做得好是一种能力，说得好是一种强大的正能量输出体系。

网络既然是媒体，那么如何影响舆论就成了企业需要去实施的问题。人为是影响信息，控制信息传播的方向，即使有些企业不做，其他的企业也会去做。作为网商，是靠网络捞生活的人，不知道如何利用网络来扩大自己的影响力真的是一种罪过。

网络信息不一定是真实的，它们很有可能是为达到一定的目的，而人为的策划。这就是企业或者个人运用网络的力量在影响新闻的传播，很多道德主义者说，我们应该还新闻传播以真实，信息是什么样子的，我们就应该让他们变成什么样子。但是在实践之中我们很难搞清楚哪些是那些没有经过修剪的真实的新闻。这是网络信息带给我们的困惑。

在实体经济中，信息流就是信息流，但是在网络经济中，信息流就是财流。谁能控制信息的流动，谁就是网络上的赢家，至少在目前这种电子商务还处在野蛮生长的情况下就是这样的状况。在淘宝网这样的大型电子商务平台上，访问量是能够带来直接的经济效益的，很简单的道理，数学概率而已。

对于企业而言，现在已经知道了人为的对网络施加影响的价值。其实往好里说这种影响可以称之为网络公关，用庸俗的说法，他们就是所谓的“网托”，或者叫做“网络推手”。其实网络公关在互联网上已经是一个稀疏平常的事情。只不过成建制的网络公关活动是这几年才兴起的一种企业公关模式。

网络公关实际上还是对网络话语权的把握。使得自己企业的信息在互联网上无处不在，通过很巧妙的方式进行网络传播，企业不断地制造话题，然后让这样的话题成为公众议论的焦点。一个话题过后还会有计划的推出另一个话题。让自己尽可能地站在网络舆论的中心地位，网络公关的价值就是要控制这些信息的内容和传播的方向，不至于产生失控的情况。

企业上网互动、宣传自己的行为，简称“网络公关”。企业借助各种社会化媒体平台，如论坛、博客、视频、电子商务、微博等，将企业文化、服务理念、产品信息告知公众，以此获得公众的反馈，及收获潜在的客户与合作伙伴。

“网络公关”是一个朝阳的行业，其价值已被大部分企业所认同，世界五百强企业如IBM、英特尔、微软、可口可乐、戴尔、三星、通用、大众、联想、海尔等，都借势网络公关在网络上传播企业形象、建立客户沟通渠道，提升品牌知名度。大企业做网络公关的效果明显，便吸引了越来越多的中小企业愿意上网来尝试网络公关，大企业有大企业的优势，小企业也有小企业的优势，尽管在成本投入上不能等同，但是企业所要求的结果却是殊途同归，最终都是为了宣传企业品牌，提高产品销量。

对于那些网络大鳄们而言，制造一些新闻点就像玩一样的，大鳄们之间简单的言语冲突都可能成为一次网络传播的手段，偶尔一句稍微“狂妄”的话也会成为网络大肆传播的新闻点。比如马云说过我们拿着望远镜也看不到竞争对手，尽管事实不一定如他所说的那样，商业上的事情有时候真的很难说，竞争对手说不定马上就能杀出来。但是一些稍许争议性的话题就能引导网络舆论，一般的商家哪有这个本事。

马云几乎是新生代的商界领袖，他本身就是一个明星，是很多人心目中的财富英雄，事实上，马云担任着阿里巴巴集团首席新闻官的角色，尽管没有这样的直接任命，但是他的角色里有这样的职能，那就是在一切的场合中，马云像一个布道者一样的，为电子商务指明未来。在一定程度上能够定义未来的人，我们小企业和个人能够学到什么呢?

大企业如此，小的企业们就更需要进行有目的、有方向的网络信息传播计划了。

在网络之下的基础设施还没有完善的时候，谁能在网络上吸引人们的眼球，谁就能获得成长的机会，想要吸引买家的注意力在当下的网络环境中已经变成了非常艰难的任务。也就是说，单纯的网络推手已经很难完成一件产品和一个网络推广计划的实施了。要想影响网络，就需要更加精巧有序的传播计划，这需要团队协作，才能形成传播的合力。

这就诞生了专门的基于网络传播的专业广告公关公司，他们就是我们所说的网络推手团，他们可以用比较低的成本，通过人为地制造新闻点，通过协同推进的方式为企业完成产品的推介策划。

在国外，这样的公司表现出了自己的专业度，他们主要是为大企业在网络上更好地与顾客产生互动，帮助企业更好地维护企业的品牌形象。发达国家的企业很少出现质量这样的低端的企业危机，但一旦出现危机，这些公关公司就会出面协助企业解决问题。对于他们来说，网络公关只是整体公关形象的一部分。

国内的网络公关公司面对的是我们国家自己的经济环境和我们自己的互联网的应用模式，所以一开始就缺少规范。有什么样的企业就会有什么样的问题，不是基于独特商业价值创造的企业最想压制的就是无处不在的竞争对手。在网络上，这些网络推手旋即在雇主的雇用之下，就变成了“网络枪手”和“枪手团”。利用网络对竞争对手进行无情的文字攻击。

当下，以往网络推手行业草根、粗狂式的推广模式正向集约、专业式的推广模式转变。自这些推手诞生以来，网络公关公司就饱受非议。网络公关公司的业务主要是分为两个方面，一个是公关，就是发布企业的正面信息，促进企业和公众的沟通。二是危机公关，就是处理企业面临的各类网络危机。2010 年国内诞生的著名的蒙牛伊利互相攻击事件，将网络公关这个行业推到了风口浪尖。二者的直接竞争关系在网络空间之内得到了充分的体现。

以后，在互联网上，这样的事例还会发生。因为网络是每个人的媒体，我们每个网商都是自己生意的网络推手。做生意最基本的原理就是产品要过硬，然后还要会吆喝。在网络上卖东西，做网商，不研究怎么去吆喝，是说不过去的。

网络信息传播其实和每一个生意人都息息相关，即使那些远离网络的生意人，也逃不过网络信息革命所带来的或正面或负面的影响。因为即使不做电子商务的企业和生意人，网络也能影响他们顾客的认知，顾客的认知改变了，就会对企业产生新的要求，见多识广的顾客是不好伺候的。

所以对于企业来说，与其被动等待改变，不如主动出击，先期一些大的企业没有很好的认识到网络传播的重要作用，这是企业在网络上建立小众品牌最好的历史性机遇。网络上有很多的小品牌，正是网商们在长时间的经营之中慢慢地培育而成的。其实在网络上建立小众品牌的过程也正是把握自己的网络话语权。

网络传播对于社会的影响是全面的，不仅影响着政治和经济方面，而且影响着我们的生活方式和思维方式。网络传播正在以不可抵挡的势头，迅速渗透到世界各国政治、经济、思想以及文化等诸多领域，改变着人们的生活，改变着世界的面貌。

然而，网络传播的特性决定了它与传统大众传播方式截然不同，也就不可避免地带来了一系列负面作用，如意识形态和文化渗透、假新闻假信息传播、色情泛滥、个人隐私遭到侵犯、知识产权遭到侵犯等。所有这些，都期待着我们去研究和探讨。宏观的网络传播理论研究那是学院派们的事情。作为企业，特别是小的企业，学会把握网络的话语权，为我们生意服务才是我们需要关注和实践的。

企业需要建设性的愉快管理学

最好的经营哲学是与时俱进的哲学，跟上时代的步伐是企业人的最重要的内在要求。现代企业的管理，已经越过了一板一眼的年代。管理学进入了心灵引导的时代，很多国家性的新兴企业，在管理学新领域早已经进行了很多有益的探索。

一个人活着需要有健康向上的生活状态，一个企业同样需要和顾客之间体现出一种快乐的情怀，这是一种情绪上的管理正能量。一个顾客进入店铺，他能够感受到售货员和服务人员传递过来的热情。这种热情需要变成一种快乐的文化。**一个不快乐的企业肯定不能创造一流的业绩**。你可以辩解说，经营企业一定要现实，企业是为利润而生的，实际上不是这样的，企业是为顾客价值而生的，我们的利润实际上在顾客身上，顾客不高兴的时候，也就没有了利润。

快乐是一种竞争优势。这是我们面对新的竞争环境所作出的一个想定。在同等的竞争条件下，你的企业管理和企业文化显得更阳光的话，你就比你的对手更能够走进顾客的心。

星巴克的同事之道值得借鉴。其同事文化的核心就是**平等快乐**。星巴克咖啡自1987年西雅图的一家街头小咖啡馆开始，发展到今天遍布全世界34个国家和地区的8300家咖啡店，除了它在打造其品牌上的独到策略之外，团队建设便是它维持其品牌质量的至关重要的手段，也是该公司不可替代的竞争力所在。我们需要着重分析一下同事文化，在管理中，不要认为同事文化是一个小事情，一个让人不愉快的公司环境，可能会让愿景或者其他的价值创造变成空中楼阁。

其实同事文化与管理水平有很大的关系，我们强调一种尊重和与人为善的文化，但是分工明确，科学的业绩评估体系也会影响同事之间的关系。处理好人与人、人与事之间的关系就总裁力的主要内容。

带班子不是个容易的事情，在现在的企业管理中，尽量减少那些不必要的中层，使得组织扁平化。星巴克以商店为单位组成团队，星巴克倡导的是平等快乐工作的团队文化。星巴克对自己的定位是“第三去处”，也即家与工作场所之间的栖息之地，因此让顾客感到放松舒适、满意快乐是公司的愿景之一。

与大多数企业不同，星巴克从不强调 ROI（Return for Investment）或投资回报，却强调 ROH（Return for Happiness），即快乐回报。他们的逻辑是：只有顾客开心了，才会成为回头客；只有员工开心了，才能让顾客成为回头客。而当两者都开心了，公司也就成长了，持股者也会开心。而团队文化则是他们获得 ROH 的最重要手段。**企业的赢利模式也会影响企业内的员工文化，而领导者是企业赢利模式的决策者，企业在产业链上的地位也决定了企业员工的社会地位。**

在星巴克，领导者将自己视为普通一员。虽然他们从事计划、安排、管理的工作，但他们并不认为自己与众不同，应该享受特殊的权利，不做普通员工做的工作。比方说该公司的国际部主任，就是去国外的星巴克巡视的时候，也会与店员一起上班，做咖啡，清洗杯碗，打扫店铺甚至洗手间，完全没有架子。**以坦诚精神、透明度和声望，建立别人对自己的信赖感。担任领导并不意味着给你授予了王冠，而是给你赋予了一项职责——使其他人身上最好的潜质发挥出来。为了实现这个目标，就必须让你的员工信赖你。假如你能表现出坦诚、守信、实实在在的品质，那么他们也会的。**深入到员工中间，向他们传递积极的活力和乐观精神。你要走出办公室，深入到大家中间去，真正关心他们在做什么，进展如何，带领大家一起翻越高山。团队文化需要一种乐观向上的精神。

星巴克每个员工在工作上都有较明确的分工。比如，有的专门负责接受顾客的点菜、收款，有的主管咖啡的制作，有的专门管理内部库存，等等，但每个人对店里所有工种所要求的技能都受过培训，因此在分工负责的同时，又有很强的不分家的概念。也就是说，当一个咖啡制作员忙得顾不过来的时候，其他人如果自己分管的工作不算太忙，会去主动帮忙缓解紧张，完全没有“莫管他人瓦上霜”的态度。这种既分工又不分家的团队文化当然并不是一蹴而就的，而是有针对性地强化训练的结果。

鼓励合作，奖励合作，培训合作行为。所有在星巴克工作的员工，无论你来自哪个国家，在商店开张之前，都要集体到西雅图星巴克总部接受三个月的培训。学习研磨制作咖啡的技巧当然用不了三个月，培训大部分的时间主要用于磨合员工，让员工接受并实践平等快乐的团队工作文化。

于是我们提出了愉快管理学的概念。在企业内，我们还是承认企业的第一要义是为了赚钱，其实，这句话表达是不完整的，应该是企业为了赚钱将事情做得更加完美。愉快管理学的概念实际上需要在企业之内和企业之外都要进行愉快的训练课。

在企业之内，管理者也需要服务思维，把对员工的服务做好了，员工就会通过他们的愉悦和服务把企业的价值理念传递给顾客。

现在的企业经营实际上还是在谈组织纪律性的问题。我们觉得愉快管理学的范畴也不是普适的，根据企业经营内容的不同，可能会分成很多不一样的管理方式。对于依赖于创新和服务对象是人的事业来说，我们就需要让所有人都获得愉悦的感觉，尽管获得一份愉悦不是很容易的事情，但是我们所有的管理模式都需要在这方面去实践，直到找到最好的面对顾客的方式。

企业的正能量不仅在企业内部的人心中，更重要的是在顾客的心中留下了不可磨灭的印象。企业家需要做自己员工的精神领袖，也要做大众和顾客的精神领袖，尽管我们觉得在精神上去影响别人独立思考不是个好事情，但是人类的社会发展史，实际上就是精神领袖去影响大众，让大众去追随的历史。我们觉得一个企业家需要成为一个生活主张的倡导者，但是倡导的生活方式最好是符合社会的主流价值观的。做到了这一点，这个企业就充满了正能量。

国内哲学家赵汀阳说：**“意见领袖的一个秘密是，他必须发现人们共同的心病，然后给出难以置信的美丽许诺，如果人们因此晕了，他就成了。”**所以，现代企业经营需要个性的领袖角色，以前，**领袖是不需要和一线顾客做互动的，现在，这些网络企业家们也需要不断地和自己顾客做互动。不会和顾客做互动的企业领导人在网络时代显然跟不上脚步了。赚眼球不是一种无聊的行为，从经济成果来说，这就是一种经济的软实力，是一种经营的正能量。所以如有可能，企业就一定要输出快乐！**

愉快管理学的效用不仅是让自己的员工干得快乐，也让自己的顾客跟着自己快乐，能够调动大众情绪的企业家当然是很厉害的角色，至少他们摸到了这个时代经营的本质性的脉络。

从丁磊、张朝阳到马云、马化腾、刘强东、李国庆等网络大鳄，几乎没有一个省油的灯。马化腾和李彦宏其实做的不是电子商务，他们是网络基础设施的提供者，至少在以前他们是这样的，从互联网的基础应用到直接的电子商务，这之间还有很大的距离。他们虽然不是直接的电子商务的参与者，他们的决策也会影响电子商务。因为他们就站在顾客和大型电子商务平台之间，他们确实有部分截流的能力，这样说，马化腾和李彦宏肯定不高兴。马化腾和360周鸿祎之间在2010年的“很艰难”的战斗；李彦宏和作家韩寒等一批人关于百度文库的冲突，这些都是经济纠纷，但是这样的商业冲突却能带来几千万网民的围观。你不得不承认，在网络时代的商业，其逻辑和以往闷头做事的传统企业不一样了。

其实这就是互联网的逻辑，不但要有做好事情的能力，还要有娱乐精神。

当当网老总李国庆曾声称自己的公司上市以后要和自己的初恋女友摆酒庆功，上市前夕，李国庆曾在微博上透露将邀请初恋女友参加上市敲钟仪式。对于这一话题，太太俞渝向《每日经济新闻》证实，李国庆的初恋女友的确参加了当当的上市宴会，也的确获得了当当的亲友股，同时这一想法也的确是由俞渝提出的。

得知这个消息，京东商城老总刘强东透露了公司名称“京东商城”的来历，京东的“京”就是来自他初恋女友名字的最后一个字。“创业的时候还在一起，就以两个人名字最后一个字命名了。”“如果有一天京东上市了，我更应该邀请初恋女友来庆功。”

甭管回家是不是要跪搓衣板，有素养的女人都是表面大度在家里才发狠的人，二位是非常具有娱乐精神的，也冒了挨家法的风险。对于网络大鳄们来说，事业就是舞台，生活就是舞台。

微博上还有更为欢乐的话题，那就是当当的老对手、卓越创始人、凡客诚品CEO陈年在自己的微博公开说“李国庆很二”。对此，作为太太的俞渝的回应显得颇为洒脱，“国庆这个人的确挺二，做事很直。”

这些大家看来很八卦的事情实际上和那些花大钱做广告的传统企业得到了一样的宣传效果，不一样的是：广告是硬灌输，这些网络大嘴们是软灌输。互联网时代的广告传播策略也在不断地在改变。

在IT界，李国庆和刘强东两位巨头可称得上是微博控，而且很喜欢隔空骂战。从2010年开始至今的多轮骂战与价格战，双方似乎尝到了微博这一免费宣传阵地的甜头，在得到多方关注的同时，提升品牌知名度。其实，微博宣传方式既有其积极作用，亦有负面，当使用过度时会对品牌造成损害。作为消费者，更希望看到的是B2C网站商品真正物美价廉。

网商京东与当当的CEO似乎对通过微博进行骂战乐此不疲。两者骂战又再打起。据悉，日前当当网CEO李国庆通过微博对外表示，京东的电脑和笔记本品类一直亏损，因此在3C领域，当当确实和京东不是竞争对手，因为“少卖少赔、多卖多赔”。针对该言论，京东商城CEO刘强东也在微博上回应，“李认为美苏太强大，不敢斗，我敢”。而对于在图书方面，李国庆称京东一天三五十万元，当当一天两千万元，不在一个量级；刘强东表示，让李国庆等着瞧。关于“一天两千万元”的豪言，刘强东指出李国庆是在吹牛，“因为一日2000万元就是70多亿元销售额，老李忘记自己已经IPO了，不该随便乱吹了”。

在进入图书行业的时候，刘强东说要将价格再比对手当当低两成，还在微博上问了李国庆：“国庆，你准备好了吗?”。李国庆也不示弱，到京东书城一看，品种还是太少，于是告诉刘强东这图书的一亩三分地还是当当的，自己怕淘宝商城也不怕刘强东卖书。

在一来一往的问答中，我们发现了两个很有个性的老板，人们喜欢有个性的人，喜欢就会爱屋及乌，最后促成大家的利益。结果是他们都是赢家，而我们都是看客。很简单的类比是，以前顾客只会直接买东西，现在顾客要看到企业的一场表演盛宴之后，才决定购买谁的东西。

传统的企业竞争一般看不到这样玩的，但是在网络时代厉害的网络大鳄们都是这样玩的，因为只有和自己的对手还有顾客不断地互动，才能成为话题的中心。以前只有娱乐明星知道这么干，现在的企业家们也知道这么干。我们不得不承认互联网时代的一个新的怪异逻辑：**娱乐也是生产力。**

第五章 打造企业团队整体正能量

每一个人的肉体都是弱小的，但是思想却是强大的，当领袖周围站立着成千上万的支持者的时候，领袖就自然而然地成为最有权力的人，企业领袖就有可以借用的力量，他们正是借助团队的力量将一个个伟大的梦想变成了现实。

企业领袖能量决定团队能量

领袖其实是善于将自己的梦想变成团队目标的人，他们总是站在高处，告诉团队出发的方向，走到哪一步会取得什么样的成就，他总是会重复描述自己的梦想，甚至站在全人类的高度，梦想去改变人的生活，给别人的生活带来更多的美好。团队成员能够在领袖的梦想中体验到自己的存在价值，那就是跟随企业领袖一起，去做这个世界上最伟大的事情。团队的成员总是会认为，跟随领袖是对的，符合未来最大的发展趋势。平庸的企业给员工一个工作，杰出的企业却能够给每一个员工带来梦想，让员工自觉地完成组织的使命。

格雷戈里·伯恩斯说，**一个人可以拥有世界上最伟大的思想——完全与众不同、别出心裁，但这个人必须能够说服足够多的人理解并接受他的思想，如果不能，那么他的伟大思想也不足为奇了。**这句话很清楚地揭示了领袖的秘密，他们具备梦想，他们同时也是最善于传播思想的人。

思想这个东西太强大了，在蒙昧的年代，思想能够决定一个人的生死，秉持某种思想不肯放弃的话，有可能成为新的领袖，也可能成为异教徒，那些善于用思想影响人的人，实际上掌握了人类的终极武器，他们甚至能够通过思想的灌输，使一个人完全失去独立思考的能力。

我们做企业的人，实际上需要和社会实现共赢，所以那些只为了自己赢利而对社会整体利益不顾的企业，实际上不具备正向的发展的能量。企业领袖能够领导团队，实际上还是需要一种复合社会主流价值观的发展能量，传播一种正向的思想。我们做企业，不是做政治，我们只需要让顾客认同我们，我们为了他们做了好的事情，那就足够了，做企业不需要去给顾客洗脑，让顾客失去判断能力，那样的话，我们觉得对于整个社会来说就带来负能量。

领袖的能量实际上就是思想的能量。香港著名企业家李嘉诚在总结他多年的管理经验时说："如果你想做团队的老板，简单地说，你的权力主要来自地位，这是来自上天的缘分或凭借你的努力和专业知识；如果你想做团队的领袖，则较为复杂，你的力量源自人格的魅力和号召力。"由此可见，领导者只有把自己具备的素质、品格、作风、工作方式等个性化特征与领导活动有机地结合起来，才能较好地完成执政任务，体现执政能力；没有人格魅力，领导者的执政能力难以得到完美体现，其权力再大，工作也只能是被动的。

人格魅力则是指由一个人的信仰、气质、性情、相貌、品行、智能、才学和经验等诸多因素综合体现出来的一种人格凝聚力和感召力。有能力的人，不一定都有人格魅力。缺乏优秀的品格和个性魅力，领导者的能力即便再出色，人们对他的印象也会大打折扣，他的威信和影响力也会受到负面影响。领导者的人格魅力影响着其领导团队的能力，其影响主要通过领导者运用权力时产生的亲和力、凝聚力和感召力，使被领导者心甘情愿地为实现既定目标努力奋斗而产生的成效体现出来。

个人魅力和领袖气质最大的优点是它们能提高影响别人的能力。当人们认为你这个人很有魅力时，他们更有可能采取你所建议的行动步骤。

我们在这里讨论的企业领袖具有很强大的人格魅力，在企业和顾客心中具有类似于宗教中精神领袖的角色。拥有远大理想的企业家其实就是企业的精神领袖。他当然还是一个领导者，但是高于一般的领导者和管理者的角色。他成了企业精神的象征，精神领袖是企业的支柱和灵魂，是企业稳定健康持续发展的重要保障，有没有精神领袖是一个企业是否成熟、是否有个性、是否有自主能力的显著标志。

企业领导者的人格魅力是驱动团队的本质能量。凭什么去驱动团队按照自己的节奏去跳舞呢？控制是不长久的管理方式，命令和压制更不是有效的管理方式。这种管理模式只会增加群体中人与人之间的不信任。

其实，一个企业内有很多的团队，每个团队都有发动机的团队领导者，尽管这些领导者在更大的系统中或许只是一个中层的管理者角色，但是这种自动自发的主动领导行为实际上和最高领导层驱动整个公司的管理模式是完全一致的。

对于基层管理者来说，必须做榜样，给自己的下属做示范。所以在企业基层管理之中，提拔具备“发动机”性质的员工显得非常重要。这些具有主动性的员工在企业中不仅自己能够完成任务，还能带动其他的员工来完成自己的工作。

在创业初期的企业中，领导者这种发动机精神是企业的核心财富。思考一件事情和执行一件事情是不一样的，执行确实需要一种勤勉的文化。领导者要让别人跟着你转，你就要比别人转得更快。只有敢为人先的企业领导才能启动下属的活力；反之，缩头缩尾，则是领导无能、怯弱的表现。领导是以身作则，带领下属工作的。不能以身作则，这样的领导徒有虚名。

“身先士卒”是对领导不畏风险、勇挑重担的生动评价，说明只有敢为人先的领导才能起到表率作用。从许多方面，都可以找到领导应当从自我做起的道理，因为这是大家观察和评价上司是否言传身教的公理。既然是领导、主管和上司，自然凡事都要走在下属的前面，而不能尾随其后；反之，这样的领导则名不副实，下属也不会听从指挥。

从高层管理者来看，一个企业有很多个部门，一个部门的管理者必须是本部门的发动机，能够带领员工，推动部门实务的有序推进。而最高层的管理者也必须成为一个大的“发动机”，也只有这样，才能使企业动力十足。一个有活力的企业，不应该是只有领导者一个“发动机”，把员工当成齿轮，而应该是大小发动机的组合群。

“齿轮”和“发动机”的最大区别在于，前者视员工为被动接受者，后者视员工为自主创造者；前者是巩固阵地、不掉链子、保住成果，后者是主动寻找战机、扩大战果、创造新的价值。在“大小发动机型”的工作团队中，每个部门就是一部发动机，在共同的目标和价值观的基础上，自加压力、自主创新。同时，建立部门与部门之间、小组与小组之间、员工与员工之间相互联动、协同并进的机制，在共同目标和方向的指引下，创造联动效益。

所以，**企业领袖需要驱动整个团队的正能量，领袖之路实际上是一种勇敢前行，敢于人先的正向的进取行为，所以领袖的能量决定了企业的能量，决定了企业的灵魂**。作为“大众领袖”的企业家，肯定是一个具有远大理想的人，一个医药企业的老总，如果发誓说自己的梦想是赚点钱，那是不能成为大众领袖的，平实的目标只能适合一部分企业，但是作为伟大的公司，这家医药公司就必须提出伟大的理想，为人类健康而奋斗。他们可能一时攻克不了癌症等一系列病症，但是这不代表企业就放弃了自己的梦想和努力。这样的企业能够得到顾客的认可，因为人们总是愿意相信那些有大目标的人。一个对公众讲伟大的故事的企业领袖能够获得更多的掌声，对于一般的公众而言，人们总会将自己办不到的事情寄托在别人身上，而那些善于洞察消费者内心，并且勇于做出承诺的企业领袖必然能够获得公众的欢呼。

领袖驱动的团队的能量来自于灵魂深度的召唤，也来自于对人的充分信任，然后充分授权给自己的每一个员工。团队领袖需要充分授权。充分授权是充分信任的表现，在强化公司审计监管的前提下，让员工在既定的目标和方向上，最大范围内竭尽所能地发挥潜能，发挥主动性，实现在公司内部创业的人生价值。

让优秀的员工开创事业新平台很重要，当企业的事业开始繁荣的时候，企业领导者能否有效地开放权力结构和创建新的事业平台，让跟随你的员工在公司内部创业中实现自身更大的价值，也是在企业内部建立“发动机型”管理模式的一个重要因素。

从带领大家做事，到一个优秀员工的导师，这里有一个领导者自我修炼的过程，领导者没有能力成为导师之前，做事必须做表率。

领袖必须把握企业的发展方向，这是领导者的责任和义务。把员工的思想统一到企业发展方向和目标上来，是发挥员工主观能动作用的前提和基础，是每个优秀员工心往一处想、劲往一处使的必要条件。做到了这一点，也就坚定了企业的信心，信心就是企业最大的正能量。

企业协同能量是子系统能量之乘积

我们总会说某个企业很强大，企业看起来强大，实际上真正强大的却是站在企业招牌之下的人。没有一流的团队，就没有一流的企业。

小企业只有几十个人，几十条枪，谈不上管理的复杂性，这个企业注定只能是个简单的管理结构，这样的企业一般情况下，业务模式是单一的，管理的目标比较单纯，但是对于复杂系统的管理，很多企业就不能适应了。如果我们还用个体户的思维来管理大的复杂运营系统，那对于组织来说，一定是个充满负能量的东西。

众所周知，要达到系统的全局优化，系统应由一个“控制中心”对系统明确的目标进行全过程控制以达到全局最优的目的。如果对于一个生产管理企业而言，驱动团队的最主要的能力就是精确协同。

对于提供标注产品和服务的企业来说，以适宜的成本提供精确的服务体系，则是管理的一个主要问题。这样的企业有一个运作核心的控制系统。一个控制中心将所有的企业活动协同起来，这样就形成了一个目标性非常强的战车系统。从这样的企业形态来说，管理是为企业的经营战略服务的，所以企业的总的能量就不会在管理过程中耗散太多，也就能够起到最大经营效能。

精确协同管理形成了合力，这是管理的魅力之一。从企业的角度来说，将企业的内部资源经过一个类似于神经系统的控制中心统合起来，这是代表工业时代的最高的管理水准。我们中国的绝大部分企业还达不到精确管理这样的水准，所以我们还需要在基础的管理能力上实现系统能力的积累。企业的战略决定了管理结构，所以对于很多企业来说，形成系统合力还是一个企业正能量的主要源泉。

精确协同的管理模式实际在美国军队之中是研究得最多的，美军在系统的协同方面确实做了很多有益的探索，在现代的企业管理之中还是有很多的借鉴意义的。

> 美军是这个世界进取心最强的自我变革组织之一。很多组织管理的探索性的东西均来自于美军先行开拓性的研究。美军的研究实际上就是用最小的能量消耗获得最大的战果。这一点需要全球的企业组织去研究美军的后勤保障和作战案例，我们就能够在这其中找到管理学的最佳启示。

海湾战争中，以美军为首的多国部队2700多架各型作战飞机遂行的联合作战行动，依赖的是精确的作战协同计划；伊拉克战争中，美军准确及时的空中火力支持，依赖的是精确的协同作战计划。

在阿富汗战场，美军整个作战体系经由指挥信息系统联结实现了高度一体化。RQ－1“捕食者”无人机、RC－135V/W电子侦察机、U2高空侦察机、E－8“联合星”飞机以及RQ－4“全球鹰”无人机等，通过指挥信息系统链接起来，可实现战场信息的互通与共享。伊拉克战争中，美军广泛运用航天侦察、航空侦察和地面侦察等各种手段，构成了空间、空中、地面“三位一体”的综合信息网络，通过有效链路，将信息获取与指挥控制有机地整合起来，近实时地构建出整个作战地区的全景画面，使中央战区总部的数十个大型屏幕，每隔2.5分钟就更新一次战场数据，指挥员可以近实时地快速了解战场情况，有效地进行指挥控制和各种作战准备，提高了战场信息感知的可视性、直观性，从而提高了打击的灵活性、准确性和快捷性，实现了真正意义上的“发现即摧毁”。

相较于传统指挥，现在实际上是一个网络中心战的结构，在网络中心，建立一个尽量逼近现实战场的虚拟网络，实时反映战场的情况，实际上我们的企业在建立快速反应能力方面是非常不足的。

网络中心战系统一个重要特征就是减少指挥层次，增加指挥跨度，缩短指挥周期，以最快的速度协同诸兵种联合行动，使复杂的作战协同变得易于组织和趋于简单，从而使联合作战行动更加协调一致。如美军在代号为“锤子”的军事对抗演习中，对抗一方由于利用横向一体化技术，将分立指挥信息系统与武器装备系统联结成一个新的更高层次的系统，只用不到8分钟时间就完成了指挥决策到作战行动展开的全过程，几乎做到了指挥与作战行动实时同步，这一指挥效能是传统指挥的几倍甚至数十倍。据美国最新公布的《四年防务评估报告》，美军正在加速发展新一代的远程打击武器，这些武器设计的目的就是确保美军在最短时间内摧毁全球任何地方的目标。

在美军中，精确协同的作战结果证明了一件事情，也就是在精确协同的效果中，作战成果不会是子系统的能力之和，不是简单相加的关系，而是一种乘积或者指数关系。实际上这样的理想情况不会在企业竞争中出现，美军在全球高科技战争中，基本处于一种一边倒的战略态势。美军在和对手的对抗中处于一个绝对优势，拥有完全的制信息权。新军事变革虽让信息时代的指挥员比以往任何时候更能“看清山那边的事情”，扫除“战争阻力”，实现“战场透明”。

现代战争实践也表明，信息化战争中对抗双方在利用先进的信息技术扫除自己的“战争阻力”，以空前的能力否定着不确定性的同时，又在给对方播撒着“战争迷雾”，制造“战争阻力”，使不确定性空前提高。正是由于“战争阻力”的存在，确定性和不确定性同时活跃在信息化战场上，从而为作战计划的制订提供了两个生存空间，即“概略化”和“精确化”。也就是说，对于确定性的作战计划是精确的；反之，对于不确定性的作战计划只能是概略的。

企业竞争很多时候是势均力敌的博弈态势。所以创造新的竞争优势就是走出竞争的唯一方案，制订方案的是人，所以对于企业而言，不仅仅需要打赢一场微观的竞争。比如在同一区域内的几家企业的博弈对抗。我们认为，在这种竞争态势之下，总是智慧型企业管理组织更容易在竞争中胜出。一线的员工具有精确解决不确定问题的能力，才能够随着竞争不断地成长。

只有做到各军兵种末端的单兵联合，才能实现真正意义上的联合作战。这是信息战的核心要义，实际上最前端的销售人员或者直接接触客户的一线人员能够站在公司利益和客户价值的立场上来快速决策的时候，我们就完成了一个管理模式的转变。**只有实现了不同企业部门的单个员工的联合，才能实现全员的营销作业**。产生的成果要比一个单纯的营销部门大很多。

在未来的信息化战场，情况瞬息万变，有些情况战前根本无法预测。特别是战争中的突发情况，更是令人防不胜防，这些就只能依据概略的作战计划，如果不问实际情况一味追求“精确化”，不仅会造成人力、物力的浪费，弄不好还会适得其反，严重者甚至会“误导”己方部队，带来不利影响。伊拉克战争中，美军的“前置式近距离空中支援”依据的就是概略的作战计划。战前，指挥官通过计划只是概略地为空中力量分配一定的支援地面作战任务，并不明确具体的攻击目标；临空后，这些飞机先在规定的空域待命，一旦出现适宜空中火力打击的目标，再按照地面部队的申请进行支援作战。

所以，复杂系统由于它的子系统很多，其间关系又非常复杂，有的子系统还有受非还原论的自然法则所支配的问题。因此它不可能具有很确定的绝对的唯一最优解，而只能对各子系统的参数进行调节协商以接近“相对优化目标”。

协同和分立是企业管理中不可或缺的两个管理工具。协同产生的能量数倍或者数十倍于不能协同的团队。美军的人员和硬性投入并没有很大的进步，他们最核心的发展战略就是让美军成为一个完整的具备集体智慧的战斗机器，这种机体各个部位都是决策部门的新的管理模式，大大增加了对作战对象的实时探测和攻击能力。

1991 年海湾战争中，美军从发现目标到攻击目标需要 3 天时间；科索沃战争中，这一时间缩短到 2 小时；阿富汗战争中，这一时间缩短到 19 分钟；伊拉克战争中，美军从“传感器到射手的时间”进一步缩短到 10 分钟甚至数秒钟之内，做到了保证己方的决策周期快于敌方，并以前所未有的速度实施火力打击。

他山之石可以攻玉，美军的战场管理行为迟早也会成为企业的管理行为的参照系。一个系统如何发展自己最大的运营效能确实是一个值得思考的话题。新的管理需要跟上信息化时代的步伐，成为一个将人员个人能量联合起来，运营效能提升十倍甚至数十倍的管理目标。

知识企业需构建智慧型的百变章鱼团队

美军的最新的作战系统，成为企业运营的理想参照系统，在企业管理的系统中，面对的市场和面对的敌人是不一样的。但是二者都是相同的，也就是成果都在企业的外面，不在系统的内部，不管一个企业内部管理得多好，实际上只是个基础工作，面对顾客才是真正的实则性的运营活动。

很多企业主喜欢死抱流程，因为流程是企业核心管理人员甚至只是老板自己定的，死抱流程，实际上就让企业内的所有人围着自己的指挥棒跳舞。企业的管理目标实际上就是为了企业主的个人目标整合起来，形成一个工作团伙。

在前文中，我们已经说过，在企业管理中，协同和分立是企业管理中不可或缺的两个管理工具。协同产生的能量数倍或者数十倍于不能协同的团队。但是这必须建立在将事情做正确的前提下，如果事情不正确，那么按照老板意图建立起来的团队，能够做成什么样的事情呢?

企业面对的市场和战争毕竟不一样，企业面对的情况有时候比战场的情况更加模糊不清晰。个人智慧虽然很重要，但是这仅仅是一个阶段，个人智慧必须转化为集体智慧，当代中国管理一个最核心的问题就是：**企业如何实现个人智慧的联合，形成适应性极强的集体智慧组织。**

传统的管理只需要管理一个人，现在的管理不但要管理一个人，还要引导一个人的心。现代企业管理的复杂性超越了以往的简单经营阶段。在最新的团队管理中，个人能量的组合和优化就成了一个重要的问题。

一个企业可以只有一个控制中心，但是却可以有多个智慧中心，这是对现代企业如何处理智本管理问题的基本假设。这里提出“**智本管理**”的概念，主要是为强调以管理者的智慧创新能力来管理智力资源，并不排斥管理者对物力资源的管理，相反是要从每个企业的实际情况出发，更好地协调智力资源与物力资源的管理与开发。

团队管理，起初的概念同样来自于军队对战斗小组的构建和组织协同。一个小团队可以解决一次战斗，若干战斗小组就形成了一个战役格局。现代企业管理面对的问题往往比一个战役格局还要复杂。所以在现代战争中，不会再有人使用重装甲骑兵方阵正面冲击的古代战法，同样的道理，在我们的企业管理中，也需要抛弃古老战法，启动最新的适应网络信息时代的管理方式。这是个基本的类比思维，枪炮总比冷兵器时代的战争工具强。管理本来就是一个实现企业管理目标的工具。

提到多智慧中心的企业管理，很多管理者或者领导者会觉得这是高科技公司的管理模式，实际上讲人的智慧能量作为管理工具的管理思想，适合于任何一个类型的企业。海底捞火锅不是一个高科技企业，但是他们在发挥员工能动性和智慧方面是值得研究的一个案例。

海底捞火锅是非常典型的中国餐饮企业，在中国的餐饮行业，特别是火锅这样的行业，一个企业需要安身立命相对来说不是一个难事，但是能够发展起来，变成一个现代企业，适应能力极强的餐饮集团，就变得不容易了。一个火锅店是简单管理模式，几百个店的协同就是一个复杂系统了。在复杂系统的管理者，就需要独特的管理模式，这个管理模式就是将每个门店变成独自作战的战斗小组，能够面对复杂性的问题，做到一个前端的士兵开始有战场决策权。

因为餐饮业在内部面对的是人与人的协调，在门店内面对的则是一个个个性完全不同的人，这种管理模式意味着在门店里，每天会遇到成千上万的小问题，这些问题如果都要请示到上级管理部门，则意味着决策过程的迟缓。在战场上，狙击手在发动攻击时并不需要更多的请示，因为战机必须精确捕捉。失去了战机，也就会失去管理效能的提升，顾客的问题最好是当场解决的，这样的企业管理变得简洁高效，一线员工也开始变成了顾客的管理者，充分发挥了一个主观能动性。

在内部，海底捞的服务员很多都是经人介绍过来的：老乡、朋友、亲戚甚至是家人……这种招聘方式在很多人看来简直是匪夷所思。餐饮业属于劳动密集型行业，来就餐的顾客是人，管理的员工是人，比如兄弟俩在一个门店工作，夫妻俩在一个门店工作，这样的事情在其他企业中很可能是不允许的，但是海底捞却支持这样做，因为他们认为，做一个有人性的企业可能比条条框框更能持久地调动人的积极性。

所以该集团董事长张勇认为：一定要贯彻以人为本的理念。只有当员工对企业产生认同感和归属感，才会真正快乐地工作，用心去做事，然后再通过他们去传递海底捞的价值理念。大家可以和亲戚朋友一起工作，自然就很开心，这种快乐的情绪对身边的人都是很具感染力的。

海底捞为员工租住的房子全部是正式住宅小区的两、三居室，且都会配备空调；考虑到路程太远会影响员工休息，规定从小区步行到工作地点不能超过20分钟；还有专人负责保洁、为员工拆洗床单；公寓还配备了上网电脑；如果员工是夫妻，则考虑给单独房间……光是员工的住宿费用，一个门店一年就要花掉50万元。

为了激励员工的工作积极性，公司每个月会给大堂经理、店长以上干部、优秀员工的父母寄几百元钱，这些农村的老人大多没有养老保险，这笔钱就相当于给他们发保险了，他们因此也会一再叮嘱自己的孩子在海底捞好好干。此外，海底捞出资千万元在四川简阳建了一所寄宿学校，让员工的孩子免费上学。他们还设立了专项基金，每年会拨100万元用于治疗员工和直系亲属的重大疾病。虽然这样的福利和员工激励制度让海底捞的利润率缩水很多，张勇觉得这些钱花得值当。

张勇认为，其实人本身的潜能都是很大的，需要管理模式上激发这种个人心中的正能量。即使学历不高的员工，在自己的岗位上照样能做出很好的业绩。至少，我们能够给他一种积极向上的工作热情，这种热情被调动起来后，我想他们会受用一生的。

海底捞的服务员拥有打折权，甚至在经过一系列的考核之后，会拥有免单权，在其他的企业中，是不敢将这些重要的权力移交给一线员工的。**其实在海底捞看来，移交权力意味着移交责任，在移交责任的时候发挥员工个人的工作潜能和创造力，准确及时解决问题，实现企业的管理目标。**

张勇说："我们对每个店长的考核，只有两项指标：一是顾客的满意度，二是员工的工作积极性。而对于服务员，不可能承诺让所有的顾客都满意，只要做到让大多数顾客满意，那就足够了。我们会邀请一些神秘嘉宾去店里用餐，以此对服务员进行考核。"

张勇说，对于企业管理，必须出于真诚，而不是形式主义。他还说："发掘一个人的心的潜能，绝不能流于形式，那样做还不如不做。我看到有的餐厅训练服务员，微笑要露出八颗牙齿，嘴里夹着根筷子训练，我说那哪是笑啊，简直比哭还难受，那些僵硬的笑容，并不是发自内心的。海底捞从来不做这类规定，激情+满足感=快乐，这两条都满足了，员工自然就会快乐，并把这种情绪带到工作之中。"

员工智慧往往蕴藏于快乐的压力之中，而不是压力之下的单纯进取行为。因为前者更加具有持久性。海底捞需要做一个充满管理智慧的企业，一个传统的餐饮企业能够实现的管理模式，很多人员素质更高的行业应该可以做得更好。

我们在分析这个案例的时候，很多读者肯定会不以为然，因为中国绝大部分的企业管理还处在承认**绝对权力中心**的假设。在很多的企业中，协调最终的结果还是理解为一种控制，这在网络时代的竞争中很可能会丧失掉快速反应的能力。

承认多权力中心的管理结构，实际上就是一个事业部一个权力中心。事实上我们对智慧型组织的模型结构的理解，就是脑袋是可以长在企业机体的任何一个地方，如果我们将智慧型组织比喻成一个百变章鱼，会随着环境变化快速的变换颜色，不仅仅是因为章鱼有一个强大的大脑，而是每个皮肤细胞都能够根据环境的变化而变化，仅仅有一个大脑是不够的，关键一点在于还有聪明的肌体。智慧性组织的每一个细胞都是聪明的，智慧型组织是更多的聪明细胞组成的多细胞生物体。

对于过去的管理分析，我们不想多去描述，而是立足于世界变化的本质，去做前瞻性的管理想定。我们认为面对未来的挑战，能够生存下来并且生存得很好的组织，都是聪明的组织。正像大象没有统治地球而人类能够统治地球一样，不是你的肌体多强大，而是在于多充满。也许人类永远也不能统治地球，但是在适应能力上却远远高于其他的物种。

利益共和：现代企业正能量的根本动力源

企业是最务实的经济组织，企业是靠经济效益说话的。一个不能取得优异成绩的企业领导，无论如何都只能是一个无能之辈。从这个角度上讲，企业是以成败论英雄的。所有杰出的企业管理者，都必须靠无可争议的经营业绩才能确立自己在企业中的特殊地位。企业管理者的地位不是凭空掉下来的，是在不断的领导实践中逐步形成的。企业管理者的思想也不是一开始就有的，而是在实践中总结出来的，在战争中学习战争，总是一次次将企业从困境带出来，获得良好的发展机遇。

管理理论的好处是我们能够将复杂的问题简单化，道理很简单，任何管理理论都是对企业事业提出的一个假设，没有这个假设，我们就无法认识我们的事业，理论不是灰色的，是我们开始行动的出发点。宇宙大爆炸的理论就让我们认识这个世界，有了一个准绳，能够解释很多的困惑。同样，企业的管理理论也起到这个作用。

不管我们怎么样去看待企业，企业始终是一个需要赢利的组织。所以在企业治理过程中，经济效益始终是衡量企业经济成果的唯一指标。

企业的所有正能量的积累和激发在根本上只有一个目标，那就是最终要成为一个能够赢利的企业，所以硬性的管理价值和软性的管理价值都要为企业实现目标而服务。管理的本质就变成了如何完成任务的学问。赢利是企业的食粮，失去了良好的经济基础，任何经济激励都不是长久的。

所以，企业良好的运营状态是正能量的源泉，优秀企业能够得到员工更多的认同，而经济困难的企业则很难保证员工生活的尊严，一个在财务上没有问题，活得比较轻松的团队往往能够创造出更大的业绩。而不是人们通常认为的人在基础生存条件满足的时候会出现懈怠，事实上刚好相反，人们在获得经济尊严之后，往往会展开更高层次的价值追求，而这种价值追求是那些经营始终处于生存线上的企业和个人无法理解的。**一个企业个体生存质量很差的企业，是很难做出一流的产品和服务的，这几乎是一条规律。**

一个企业在创办之初就要思考，企业经营的目标是创造一个富裕的个人还是创造一个伟大的公司。实际上这两个目的决定了企业发展的分水岭。一个企业的存在是为了一个人创造财富还是为所有人创造财富，这是个经营的根本问题。

在《公司的力量》这个纪录片中，历史学家和经济学家认为，500年来，世界最伟大的创造不是眼花缭乱的技术，而是公司制度的创立，为什么要这么说呢，因为公司制度实现了所有权和经营权的分离，实现了一定范围的**利益共和。利益共和的本质是尊重私权，认同企业不再是为一个人的个人目标而确立价值的组织，而是为了所有股东利益而确立的一种利益均享的组织。这承认了一个事业不再属于一个人，而是属于该事业的所有人。组织的运营不再以个人的发号施令为主，而是以一种利益均沾的体制为主的企业形式。**

承认了公司体制下的每一个人的私权，然后在私权基础上组织私权的组织联盟，这是现代公司制度存在的核心基础。当然这种组织形式后来逐步走出了经济领域，成为现代人类社会主要的组织形式。**美国的制度本质实际上就是一个公司制度的翻版。**

世界几百年经济的繁荣，很多人都认为是工业革命形成的，实际上形成工业革命的基础，没有多少人会去研究他们。实际上，经济发展的根本动力实际上就是在承认私权的基础上放手让个体去创造。认识到这一点，就能够本质性的看懂中国经济，乃至于一个企业小团队的运营成果。

在企业的运营过程中，不存在道德高尚的人。经济学认识人的原则是因为自私而利他，利益共和的机制实际上就是在尽量满足人的自私性的基础上做对大家都有利的事情。当然，在公司制度创立之初，出现了东印度公司这样的殖民公司和贩奴公司，在股东利益驱使之下，对体系之外的人类历史上的犯罪行为。但这是历史的支流，在客观上市场和公司的扩张也推动了第一次全球化，推动了当代世界的繁荣进步。

我们本来无须在企业管理如何保持企业团队正能量的章节中说明经济发展的本质，但是我们中国企业实际上犯的最大的错误就是不能为公司建立一种共和的体制，而还是一种不成熟的公司制度。中国企业和国际先进企业有数十年的差距，这样的结论是怎么出来的，我们的企业不是很强大吗？我觉得是管理制度的差距造成了这样的差距。

中国企业家需要承认这一点，也就是在创办企业的过程中，所有的员工有权享受公司创造的经营成果，尽管在全世界范围内，对于企业主耗费万金进行的奢侈行为进行广泛的报道，其实那只是媒体的过火行为，媒体不代表企业经营的真实，媒体永远只能报道企业经济行为的皮毛，而不是去追究背后的来龙去脉。

只要记住公司不是你一个人的公司，这样的企业就充满了进取的正能量。如果能够用制度落实下来这些承认员工私权的契约，我们就能够看到一个伟大公司的雏形。

苏宁集团就是这样的一个企业，这个企业发展的步伐很快，而且在发展的过程中，是一个典型的从小老板发展起来的现代连锁企业。张近东在企业发展过程中的个人行为，实际上很好地诠释了利益共和这样的理念。企业不是一个人的，在一个小庙里做一个富方丈是没有出息的，要想将事业做大做强，就必须创立一个具有公司制度完善的企业组织。

1984 年从南京师范大学中文系汉语言专业毕业后，张近东顺理成章地进入了南京鼓楼区区属企业豪威集团。他本来可以按部就班地步入仕途，但是他却放弃了，凭借敏锐的眼光，张近东在工作之余承揽了一些空调安装工程，获得了10 万元的创业资本。

张近东不满足于自己的智慧和能力创造出来的丁点资本，他要做的是创立一个事业，是那种能够驱动社会资源整合的大事业。正是怀着这样的职业理想，他将自己定位一位企业家，事业家，而不是一个老板。1989 年，张近东在众人惊诧的目光中辞职下海，在南京宁海路一家不起眼的门店里成立了一家专营空调的小公司——苏宁家电。14 年后，当初的 10 万元变成了 10 个亿，整整翻了一万倍！

张近东没有将财富看成是衡量自己事业的第一标准，他觉得这样的社会财富本质上还是属于社会的，自己只是有能力代管而已，正是苏宁的系统经营能力，能够吸纳社会资本向苏宁集中，如此而已。虽然已经腰缠数十亿财富，可是张近东和很多富豪不同，他不担心自己的安全，他现在还经常一个人在南京的新街口逛街，跟很多人聊天。他说这一切来自于他的财富观：“当你赚 1000 万元的时候，那是你自己的，当赚更多钱的时候，就是属于社会的，苏宁是社会的，我张近东只是管理者和责任者。”张近东另外经常说一句话：“苏宁不是我个人的。”

这句话更老套，可是他却真的也这么做了。当初，苏宁 100% 是张近东个人投资的产业，但为了上市，为了企业的未来发展，张近东主动将自己的股份稀释至 48%，而上市后更只有 35%。苏宁的几位高管都拥有了数量不等的股权，随张近东一起身价超过百万元、千万元。

公开数字显示，苏宁的很多高管都成了身家千万元的富翁。目前直接间接持有苏宁股份的共有 7 位高层管理人员，他们中财富最多超过 3 亿元，最少的也达到 2000 万元。苏宁电器共有 6 位高管出现在十大股东之列。

张近东十分注重用股权奖励来稳定公司的管理团队，会根据每个分公司总经理等管理人员的表现，给予他们一定比例的分公司股份作为奖励。乃至“造就一批百万富翁、千万富翁”。他认为，通过股权奖励可以激发高管的积极性，从而把“职业经理人”转变成“事业经理人”。

苏宁尽管是私企，但是张近东这种对事业的决心、韧性与大气，让员工对企业产生了归属感和主人翁精神，感染和留住了大批高级管理人才，因而苏宁从未出现像高层频繁流动的现象。

作为一家民营企业，要走到苏宁这样的地位，企业领导的胸怀，还有管理理念、境界、知识、诚信等都缺一不可。每一个企业不可能自己发展完善，而必须让社会的力量完善它。在原始积累中，利润是最重要的，但在企业长远发展的战略确定后，就不能只追求所有者的个人财富了。

事实上苏宁的发展，印证了利益共和的理念，在团队中，没有利益的共同分享，就不可能建立最优秀的企业，虽然我们在过程的企业发展历史中，家族企业有过自己的辉煌历史，但是随着网络时代的来临，企业不能够再走封闭独自发展的道路了。

利益共和的理念不仅仅升华了财富，也升华了创造财富的人，那些跟着企业发展起来的人，是得到锻炼、成长起来的人，是从一般的员工升级为既是员工又是股东的人，是有了恒产之后有了恒心的人。承认了为自己服务，为团队服务的价值平衡，在这种价值平衡中，找到了证明个人价值最好的出口。这就真正体现出了团队共事的价值。经过升华之后的财和经过升华之后的人，聚在一起产生了更大的能量，正因为如此，再散开去发展，就更有力量，能抵御更大的危机和风浪。

维持团队的正能量，就需要最基础的经济激励，作为企业家，这个职业是不好做的，我们不能将企业家看成是唯利是图的小人，也不能认为他们是道德楷模。实际上懂得分享财富，只是在人性中简单的同理心而已，几岁的孩子都能读懂。**很小的孩子都知道，吃独食的孩子是没有朋友的。**

企业家眼中的钱是一种责任，钱越多责任就越大。实际上做企业也是一个财富分配的过程，不仅自己要赢，而且也要想到让别人赢。企业家会上半夜想自己，下半夜想别人，追求的就是一个多赢的生态圈，为国家创造税收，为股东创造利益，为顾客创造物美价廉的产品，要让员工住得起房、穿得起好衣、开得起好车。

用严肃一点的经济学来表达的话，现在这个时代是网路经济时代，占据社会主导的资源是智慧和知识，所以人本身就是核心资产。资产在企业的运作中本身必须增值。所以在知识经济时代，建立“以能为本、按知分配”的人力资源管理体系，加快人力资源参与剩余索取权的进程，乃人力资源管理的大势所趋。

布道者：能量传导的企业管理新启示

我们在生活中，看到很多人拥有强大的气场，在企业团队中，个人的影响力实际上跟职务有关系，但是并不完全取决于职务，而是个人身上所体现出的所有活力的总和，这是一个人身上蕴含的正能量。

我们在演艺明星身上最能够清楚地看到个人能量的传导过程，一次演唱会上，歌手的表现引起了观众足够的疯狂，这其实就是一种生活能量的传导过程，在这个过程中，快乐不仅没有减少，而是随着人们的热情不断地增强，人们享受这种内心的愉悦感，这在企业中当然也会有独特的价值，可以用来借鉴和使用。

快乐是可以传染的，同样，在企业管理中的正能量也是可以传导的。著名主持人蔡康永评价他的朋友小S说："小S是个很好玩的人，她个性本身就是很乐天，很有活力，这个朋友让我觉得活着是一件很值得、很舒服、很有趣的事。有的人会让我觉得活着很没劲，碰到他会把我的能量都吸走。"没错，这就是和拥有正能量和负能量朋友相交的感觉，怎么摆脱负能量，就是要在自己的朋友圈中加入拥有正能量的朋友。

维持一个小团队的正能量很容易，我们需要一种创业的激情就能够办到，但是维持一个几万人大团队的激情，就只有少数人能够办到了。如果一个企业家能够和上千万的社会大众进行互动，那么他就是一个公共企业领袖了。

在中国大陆，人们公认马云是最能影响社会大众的企业家之一，海外评论他是在精神上最接近乔布斯的人。一个激情澎湃、永不放弃的中国企业家。他从自己的小团队开始，成为中国电子商务的布道者。

资深财经媒体人孙燕君先生撰写的《马云教》，是他继《阿里巴巴神话：马云的美丽新世界》之后，又一部有关马云的力作。他从马云对企业近乎宗教般追求的情怀入手，深入剖析了马云从一个普通英语教师一跃而为世界顶级企业家的心路历程。

作者说："成功的企业家很多，对企业有宗教般情怀的企业家很少，成功的有宗教般情怀的企业家少之又少。当然，马云只有一个！"这本书十分精细地梳理了马云在创业、创新、决策……融资、竞争十个方面的成功经验，并结合马云的实战案例加以讲解，加深了读者对马云的深层次理解：马云的成功绝非偶然，是智慧、机遇、胸怀使然。

正是对于事业拥有宗教般的热情，才让马云成为一个布道者，如果一个团队对事业有着宗教般的热情，那么做成事业的可能性就会大大增强。

我们已经知道了阿里巴巴的过去，我们研究一个人，一个企业，只有从过去推导未来，阿里巴巴的过去十年走得风风雨雨，很不容易，同时企业也表现出了很强的变革能力，能够应时而变。这是一个了不起的能力，在国内企业中并不多见，从过去展望未来，我们有理由相信阿里巴巴还能引领下一次的电子商务的变革，因为十年积累下来的资源已经有了足够的余地来应对未来的挑战。

有很多的书本对成功的企业家进行吹捧，给予他们这样那样的头衔，其实只有他们自己知道那些东西只是浮云，只是成功以后的副产品。很多时候当解读者出现的时候，已经是后知后觉了。在我的眼里，阿里巴巴只做了两件事，一件事是他们对自己的企业确立了价值观；另一件事情是他们坚持了真实诚信。他们的角色，只不过就是一个电子商务的经纪人而已，只不过企业规模大了，套路多了，看起来比较复杂。从商业模式来说，他们的模式很简单，但是**很简单的模式往往能成大事**。

马云将阿里巴巴变成一个改变社会的正能量，让中国在陌生人社会到来之前，完成中国人的观念变革。他创立了一个体系，让中国人放心大胆地通过他的企业平台向陌生人付款或者发货。这是了不起的社会进步。

马云创办了阿里巴巴这个企业，从一开始，这个企业就不是一个小企业的成长基因，因为这个企业的目标就是要对传统社会的商务流程进行一次革命。能够完成这样变革的企业肯定是一个有雄心的企业，阿里巴巴在创业之初就确立了企业自己的企业文化，也就是自己的核心价值观。

所谓企业文化，就是一个企业信奉、倡导，并在实践中真正执行的价值理念。其实我们虽然搞的是市场经济，但是在我们很多企业主的心目中，大部分人并不相信真正的市场经济的价值观念。因为很多身边的企业不是靠价值创造发展起来的，而是靠其他非市场因素发展起来的。阿里巴巴是纯粹的市场经济企业，所以真实和诚信是最根本的东西。这个巨大的电子商务平台如果没有诚信的前提，整个平台就会在短时间内泡沫化。

马云说："我们的核心竞争力，不是科技，而是文化。科技只是工具，我们更重视价值、使命和愿景。在我的公司里，客户第一、员工第二、股东第三。这是我们的信念。"在一个缺少商业契约精神的环境中，建立庞大的电子商务帝国，这是何其不易的事情。十几年以来，马云一半是商人，一半是布道者。商人的角色是为自己的企业赢利作贡献；布道者的角色是用自己的理念不断地影响公众，让电子商务的星火呈现燎原之势。

剥开商业模式的外衣，看到阿里巴巴的内核，过去十年其实阿里巴巴做得最多的事情是在传播自己商业思想。笔者早就撰文说过，阿里巴巴是中国极少几个商业思想库之一。改变中国人的商业思维，让参与到电子商务中的人们明白什么是真正的市场经济；也让企业明白即使是一个小企业，也必须具有全球竞争力。让人们意识到，做事要么不做，要做就要组织起最优的资源，将一个事业干到领先的状态。市场经济开始让企业和企业家学会思考，自己的商业价值到底在什么地方。

马云和阿里巴巴作为一个新社会的布道者，其影响其实已经远远超越了互联网商业创业这样的狭窄领域。我不看好一个成功学的马云的价值，我看好的是马云内心深处的商业精神，以及他为未来的经济变革进行的制度性设置。这里笔者将会把读者的思路拉出很远，希望读者用卫星的视角来看待中国这场波澜壮阔的社会革命。

阿里巴巴的制度设置已经很科学了，也只有科学有效了，也才有了淘宝网、天猫网上个人交易的爆炸式增长。这种简单的交易模式会改变社会信用环境，对于一个商业伦理处于迷茫期的中国来说，阿里巴巴的努力非常具有建设性。几千万人在淘宝上完成了这样的交易，成为电子商务的认同者，这是一个很大的成就。他们是不折不扣的市场布道者，面对的都是普罗大众。

在一般国家，除了法律之外，一种更为基础性的约束机制还在发挥作用，那就是个人的道德和职业、行业的伦理。对于马克斯·韦伯关于新教伦理与资本主义之间具有密切关系的经典命题，其实可以做一个一般化的理解：相比于熟人社会，陌生人的远距离交易要求个体更为严厉的内在道德约束。因为，消费者并不在生产者身边，而法律绝不可能看管每个人的每个行动。唯有生产者具有类似于儒家所说的“慎独”意识，才不会欺骗消费者，一个可信赖的交易秩序才能够逐渐形成、扩展。

阿里巴巴的贡献已经又向前走了一步，在理念上坚持自己的价值观。在实践中，阿里巴巴的交易制度设置不仅强调内在道德约束，更强调外界的制度制衡。这种制度设置假设人人都可能有诈骗行为的话，也可以用制度的方式保证交易对象的交易安全。

作为一个布道者，马云和自己的执行团队将阿里巴巴的使命变成了一个个可以执行的目标，看得见摸得着，并且成为商业信用的坚决捍卫者。2011 年阿里巴巴自爆家丑的态度值得肯定。由于平台出现了上千家的供应商欺诈客户的行为，阿里巴巴的高层做出了调整，目的就是为了捍卫自己的价值观。

马云在写给员工和客户的邮件中痛斥了这种欺诈行为，称“对这种触犯商业诚信原则和公司价值观底线的行为，任何的容忍姑息都是对更多诚信客户、更多诚信阿里人的犯罪！”信件的内容随后被各个网站登出。“过去的一个多月，我很痛苦，很纠结，很愤怒……”马云在写给员工和客户的邮件中说，“如果今天我们没有面对现实、勇于担当和刮骨疗伤的勇气，阿里将不再是阿里。”

马云在邮件中还用英文大发感慨：“If not now? when?! who?! 此时此刻，非我莫属！”这几句话也顺势成了网络上的当红句子。

商业欺诈是对新商业文明最根本的破坏，真正的市场经济的企业必须是透明的，同时市场规则也是很脆弱的，需要根植于人心之中。在一个传统社会向信息文明过渡的过程中，布道者马云和阿里巴巴，个中滋味，只有自己能体验。

靠什么去维护社会的诚信？作为企业，首先就要在企业内部建立团队的诚信，在企业中，只要领导者的境界足够高，他是可以做到这一点的。当然，马云在倡导诚信的过程，也为企业输出自己的价值观，好的价值观是一种社会正能量，可以影响大众对企业的好感，因为团队和大众会认同企业有价值的思想，让企业思想成为社会的正能量，这恰恰是企业家追求的人生最高的境界。

我们面临的社会是一个转型期的社会，是从传统社会向现代社会转型，传统社会是一个建立在熟人关系上的社会，任何事都凭人际关系来处理，一是靠血缘关系，也就是家族和姻亲关系建立的，从夏、商、周三代起便都是如此，权力结构也是靠这个传承的，帝王制度便是建立在这个基础上的。这里面还有氏族社会的影子，中国人在制度设置方面的能力真的非常欠缺，其实现代化的根本是人的现代化，而不是其他的任何东西。不理解这一点，就不能真正的理解现代经济，更谈不上电子商务了。

电子商务不仅能够改变中国，也能够改变中国人，马云是这样认为的。正因为他是这样认为的，所以他能够成为中国市场经济的布道者。

传统的伦理社会在市场经济的大潮冲击之下已经分崩离析。基于氏族社会的传统文化救不了中国社会，社会历史的车轮是滚滚向前的。同样，对过去的社会形态认识得不深刻，也就不能很好地认识现实社会和未来社会。现代经济是现代社会的产物，电子商务是信息社会的产物。建立什么样的电子商务，从宏观上来说，首先不要想具体的小生意，主要还是要构建一个能够让电子商务得以生存和发展的好环境。马云所面对的环境其实还是那个乡土中国，只不过物质的外衣掩盖了传统社会的现实而已。城市文明中依然处处可以看到乡土的思维方式，传统思维依然在强力的扭转着现代经济发展。

《乡土中国》这样一本厚重的书和马云及阿里巴巴的成长有着非常大的关系。费孝通先生想从传统的乡土文化中找到中国现代化的成长基因，这几乎是不可能完成的任务。

所谓的“乡土”是指进行小农业生产的广大农村，那里居住的是中国绝大多数的居民，他们依附土地，自耕自食，自织自穿。日出而作，日落而息，年复一年地就地生产，就地消费，缓慢的生产节奏，养成松懈而稳定的生活方式。

农民在这里按照自发形成的生产和生活习惯，不离乡土，安身立命，人与人之间，非亲即故，彼此都是熟悉的乡亲，费孝通称此为"熟人社会"。

农村的基层组织，依靠代代相沿的习俗进行社会管理，这种管理并非对所有成员一视同仁，而是有轻重厚薄的分别，这种"差序"，形成既定的"格局"，如父尊子卑、君尊臣卑、男尊女卑等，按照人们在社会和家庭中的地位和等级进行序列管理，即是"礼治秩序"。这是以君臣父子为核心的社会关系网，一层驭一层，层层相隶属，几千年来中国农民就在这样的社会秩序中生息，无论是改朝换代还是战争离乱，风雨不惊，即使打散了，很快又复原如初。所以，中国能成为世界上唯一一个文化传统没有中断的文明古国，中国文化在世界文化史上才被公认为传承力最强的文化。"礼治秩序"这种社会管理秩序导致中国社会具有超强的稳定性。

尽管中国人的社会结构发生了巨大的变化，改革开放已经过了几十个年头，但是根植于中国人心中的小农意识没有退潮，即使在城市中，小农意识还是相当的浓厚。我们的企业和个人的行为有时候不经意的就透露了我们思想根源，本质上我们还是农民。

中国在走向现代化的过程中，这种超稳定的结构和强调创造性破坏的商业文明产生了强烈的对冲，正是由于背负那么重的文化传统包袱，所以中国在转型过程之中，人们体验到的痛苦要比其他的民族和国家更大更久。日本可以做明治维新那样彻底的变革，但是中国人的认知不可能让我们做那么干净利落的事情。

《乡土中国》提出的这个乡村伦理概念，高度概括了广大农民的生存和生活状态，这就是我们生于斯、长于斯的乡土，不了解这样的乡土社会，就不了解中国。中国农村的现代化必须正视这一点。

费孝通先生研究的是中国的农村问题，其实我们想顺着先生的思路往前走一步，看看乡土“礼治秩序”对于现代中国城市文明的影响。现代市场经济是在城市文明的基础上成长起来的，市场经济不是一个单纯的经济形式，它是一整套现代理念组合而成的现代文明体系。虽然在现代化道路上我们已经走出很远，但是那一大套现代理念还没有在中国扎下根来，或者已经扎根了，但是当下却造成了相当强的文化冲突。中国人的迷茫大部分可以在这里找到原因。旧的“礼治秩序”丢了或者无效了，但是新的商业文明的伦理还没有建立起来，这两种思维方式的更替可能还需要100年甚至更长的时间。阿里巴巴说我们要做百年企业，其背后是对中国国情的深刻理解。马云让网商们用电子商务的规则去取利；而自己的企业却以“取道”为目标。**马云不止一次强调，阿里巴巴不能走得太快，也不能走得太慢，大尺度的领先策略有可能会让自己成为殉道者，唯有和中国现代化的进程相符合，领先半步才是最安全的经营策略。中国人思维方式的现代化不是一个快速的进程，这一点在学术界是有共识的。**

从一个企业的视角去看中国的现代化，这有一点管中窥豹的意味。马云非常了解中国的国情，他一定知道企业未来在哪里。在很多的场合，其实讲的不是电子商务的东西，而是讲现代经济的基础理念。比如创新，比如企业家精神，比如诚信，比如价值观和信仰，再比如对经济创造性破坏的容忍。很多人说他是电子商务的教父，其实他也是市场经济的坚定的信奉者。他不仅是电子商务的布道者，也是市场经济的布道者。

在中国大陆，确实需要像马云这样的具有商业领袖特质的市场经济的布道者，有时候，他发挥的社会功能可能跟吴敬琏这样的学者是一样的。只不过，马云不是一个学者，他是一个企业家，新社会资源的组织者。**马云是一位出色的市场经济的鼓动家，他演讲的内容不是理论，而是实实在在的社会经济实践。**马云的思考是经得起历史检验的，知行合一的。马云知道未来的社会必然是信息商业文明大行其道的社会。一个只和熟人做生意的社会不会是效率很高的社会，也不是资源可以得到科学配置的社会。**当我们有一天可以很放心地和陌生人做生意，这里面就需要很好的制度设计。让远隔重洋的人能够顺利完成任何交易，其间可以排除掉欺诈，这是一种了不起的社会成就。对于熟人社会来说，这是一个里程碑式的突破。**

这也就触及现代社会理论中讨论的一个永恒议题：现代社会是一个陌生人社会，现代市场经济是陌生人远距离交易的机制。因此，人们很自然地说，法律至关重要，制度至关重要，这包括，独立的监管至关重要。这些当然没有任何问题。应当说，具有成熟市场经济的地区在这方面的制度已经相当完备。

好的制度当然可以规范人们的商业交易，让交易的双方都是平等的主体。我们需要理解现代社会的基本特征。在一个陌生人社会中，法律所具有的约束力，其实远不如人们所设想的那样有效。既然是陌生人的远距离交易，其间会经历复杂的中间环节，那么，置身于分工体系中的人们，就可能抱有“侥幸之心”，反正最终的消费者看不见，反正出了问题，外界未必能够在自己与他人的损害之间建立起联系。因此可以说，现代市场体系其实充满风险，但是，信息商业文明可以做到让一个个欺诈者现形。

要成为一个领袖型的优秀企业实际上目标是一定高于金钱的，在这样的企业中，团队实际上已经成为社会进步的有力的引领者。这样的企业太少了，但是成为一代企业宗师的进取意识是不可少的。马云旗下的淘宝网在2012年，交易额已经突破了10000亿元。**当企业形成了系统能力过后，资源就会向企业集中，这是一种社会规律。**马云和阿里巴巴一开始就关注比金钱更高的价值，也就能够收获更多的金钱。商业，本质上就是这样的。

先进企业是正能量社会的基石

企业不仅仅是企业，而是社会民主化的动力之源。出色的企业不仅仅是商业价值的创造者，还是社会发展的引领者。如果一个创业家拥有如此的创新境界，那么这样的企业都能够成为社会的栋梁。

一个社会有没有正能量，正能量强大不强大，有没有活力，实际上有一个很重要的视角，就是这个社会中有没有引领这个时代潮流的企业，这样的企业多不多。如果世界一流的企业在这个国家拥有很多的话，这个国家一定是个充满正能量的国家。因为充满正能量的企业是一所世界一流的大学，甚至比大学的社会贡献还要大。

先进企业对自己是有高要求的，他们能够不断地突破自己，将自己的事业做到更好，他们成为一个个社会经济的实验和实践中心。能够根据市场，做出灵捷快速的反应，他们为社会进步确立了新的发展标准。这就是企业的团队正能量对社会的贡献。

一个企业如果能够大胆突破，创立一种史无前例的新体制，这个体制具有普遍的适用性，那么这个企业所能够发挥的效能就不仅仅是赚钱这样的简单了。尽管我们前文总说，企业是需要赚钱的，但是企业在赚钱的时候却为整个社会的进步创造出了高于企业经济利益的更大价值。我们中国的企业需要在这个层面上去追求，而不仅仅是将企业看成是追逐金钱的游戏。

20世纪80年代初，杰克·韦尔奇确立了GE公司由数量型增长转变为质量型增长的方针，推行全球化、服务和六西格玛质量标准，要求GE旗下的所有企业都要成为同行中的第一或第二，要有远高于一般水准的投资回报率，有明显的竞争优势，所有达不到标准的企业将被整顿、关闭或出售，以此改变整个企业的文化及员工的思考模式。

而现在，六西格玛的质量管理标准已经输出到全球的制造业企业，为全球的制造业和产品质量提升作出了巨大的贡献，GE当然会因为自己的管理创造而成为一个值得尊敬的公司。

同样，IBM这样的企业也通过自己不断的创新，成为时代的引领者之一。我们知道，美军的网络中心战的系统极大地提升了美军的作战能力，那么我们企业的网络中心智慧系统又在哪里呢。这家企业就在不断地自我变革中提出了“智慧地球”和“智慧城市”的概念，同样自己的信息系统产品解决方案也能够为正在变革的大企业提供完整的信息化系统。

IBM企业以一种全包的方式，为用户量身定做，成为系统方案解决提供者，这种经营服务模式，靠企业强大的软实力支撑，竞争对手一般很难涉足，也难以模仿和复制。作为全球信息技术领导者，IBM近年提出了新一代电子商务的三个I的概念，即整合（Integration）、创新（Innovation）和基础设施（Infrastructure），并提出IT基础设施建设是企业腾飞发展的有力保障。在IBM看来，为企业提供安全服务必须要有三层关系：第一层是要建立安全的标准；第二层是企业IT基础架构的安全性；第三层是企业IT整个流程的安全性。在运作安全服务时，IBM把它分为五步实施，目前IBM公司在全球有超过850名的IT安全专家，在亚太地区有将近100名的安全专家。

在信息时代和全球化的条件之下，最优价值的企业实际上能够将自己的企业利益和社会利益完美的搭建在一起，这样的社会分子，做出的经济价值越大，实际上对于社会的贡献也就越大。这样的价值创造确实是很多企业需要去追求的。我们不仅仅需要向自己贡献商业价值，也需要向社会贡献我们自己有益的思想。

一个人立志去做一个企业的时候，首先就要立志做一个杰出的人。这不是说教，而是写作者的一份责任，好书一定会具有敬畏和神性，而不是单纯的赚钱方面的思考。回过头来，我们觉得，一个伟大的企业家肯定有他的社会理想，一个出色的经济学家也会有自己的社会理想。新社会是什么样的，这存在于杰出人物的头脑之中。和政治家不一样，企业家是带着社会使命去做自己的事业的。**企业家需要一种建立理想社会的内在追求，企业就是自己理想的实验场。**

在本书中，我们使用了更多的电子商务的案例，因为我们觉得电子商务是这个时代商业的主旋律，很多企业内部的变革都是围绕着电子商务展开的。

电子商务将商业变成了一个相对透明的游戏。在用产业经济学和社会学角度去评判阿里巴巴马云、京东商城刘强东、当当网李国庆等这样的人的时候，当然是要褒奖的，因为他们的企业做的是老资源的新组合，玩的是纯市场经济的那一套。即使他们赚到了钱，这个钱也是干净的。

在成熟的市场经济国家，赚干净钱是一个基本的商业伦理。拥有正能量的企业当然是这方面的典范。充满正能量的社会是赚取干净钱的社会。尽管社会总有这样那样的不如意，但是社会理想的指针总是指向那个方向。

很多人都以为新社会的核心是法律和规范，实际上最深层的东西却是伦理。有时候法律和规范可以绕过去，但是伦理却是绕不过去的。因为那是一种信仰，是根植于人们内心的东西。也许读者会问，伦理这东西有用吗？绝大部分人不理解和嗔恶血亲乱伦，这就是一种文化伦理在起作用。同样，商业伦理也有同样的作用，它要求参与市场交易的人流淌“道德的血液”，真正成熟的商业社会需要人们在骨子里对契约的敬畏。这是现代经济的核心伦理。

伦理一般是指一系列指导行为的观念，是从概念角度上对道德现象的哲学思考。它不仅包含着对人与人、人与社会和人与自然之间关系处理中的行为规范，而且也深刻地蕴含着依照一定原则来规范行为的深刻道理。这是社会最基础的软件工程。站在不同伦理立场上的讨论往往会变成鸡同鸭讲。

马云演讲，讲的是文化和价值观的力量，对于任何不诚信的行为，他都深恶痛绝，他要将这样的企业价值观灌输给每一个员工，同时也传播给在淘宝平台上交易的每一个网商和买家，最终成为融入阿里巴巴血液里的商业伦理。商业伦理就是一堵无法逾越的高墙，而不仅仅是几个纸面上的文化符号。

亚当·斯密的贡献在于指出了市场的效率来自于分工。分工的扩展和深化，是现代商业社会高效率地创造财富的秘密所在。人们今天经常谈论的全球化，也就是分工在全球范围展开。这当然会大幅度地提高财富创造的效率。

分工不断深化的现代商业，也可能让企业变得不负责任。分工的深化经常意味着同一家厂商的产品的投放范围极大，甚至可以说覆盖全球。这也就意味着，假如一种产品出现了问题，它的影响必然十分广泛，甚至可能是全球性的。至关重要的是，在这样的分工体系中，生产、交易活动脱离了熟人之间的人际关系的束缚。生产者与消费者完全分离，相互成为遥远的陌生人。

和陌生人做交易，控制市场风险，保障交易安全，需要同时做两个工作：健全监管，完善法律；同时，也必须重建道德和伦理秩序。这就是温总理在谈到《国富论》的时候还要大家一定要读《道德情操论》的缘由。

电子商务讲求的核心就是直接交易。交易的核心当然就是商业价值的交付和诚信。交易双方没有必要相互找关系走后门，也不需要潜规则，而是交易主体完全平等基础上的交换。这就催生了“简单社会”。信息社会的特征是透明社会，这个社会比商业社会更加简单，网商们可以专注于自己的事业，将自己的工作做得更加出色。**人们不必在复杂的人际关系中耗费更多的精力，而应更加专注于商业价值的创造，而不是传统社会的发展之道：将一生最重要的发展依托于发展人脉。电子商务交易简单明了，符合要求客户就掏钱购买，不符合要求，客户轻点鼠标，向下一个网商寻求自己中意的产品和服务。**

公平合理的制度框架下，人人关系简单，人人之间和气善良，保持适当距离但充满善意。社会总是往往处于最优、轻松、保障的健康状态，人人不必疲于奔命和惴惴不安，不必培养所谓的人情味，为生活、为职位、为关系、为前程、为子女而奔命。因为制度已经安排的差不多了，凭本事吃饭，有良好的医疗和社会保障，贫富差距不大，工资水平占 GDP 比例普遍很高，即便鳏寡孤独和丧失劳动能力的公民也有良好的生活保障，这就是纯正市场经济带给我们的社会理想，也就是自由市场的社会价值。

这就是商业文明的社会价值。在陌生的社会中，失去了“人情与血脉”的联系，面对城市中来来往往的陌生人，除了法律的监控之外，我们还需要以涵盖公民素质、公民精神等在内的契约理性来维持与他人、与社会的交往，履行社会责任。这是一整套的社会管理和社会发展体系。中国电子商务的发展，依赖于这样的价值观的形成，依赖于在陌生人社会中建立新的商业伦理，需要建立一种新型的人文关怀运作体系。

现代社会是一个由相互陌生的人所构成的陌生人社会，陌生人才是造成或者增加现代社会的疏离与冷漠、复杂性与不确定性的真正根源。**电子商务其实就是为“陌生人社会”到来制定一系列的规范。阿里巴巴的信用评价系统会让网商在一单交易的欺诈行为变得成本高昂。任何一笔交易记录最终都会存储在服务器中，以备日后追查。在信息社会以前，这几乎是不可能完成的任务。支付宝这样的金融服务加上自己的信用评价系统，可以让网商最大限度地维护自己的信用。在制度基础之上促进社会信任，这是阿里巴巴重要的社会贡献，使得陌生人之间的直接交易成本变得如此之低，监管成本变得如此之低。**

对网络交易进行全程的监控，这只有信息技术高度发达才能办到。这比工业时代讲求自身道德情操的伦理制约更加有效。陌生人已然成为现代社会生活中的普遍现象，由陌生人所构成的现代社会即所谓的“陌生人社会”已经成为任何一个现代人都无法逃避的生活场景。人们只能在这里展现自身的生命历程，也只能在这里求索生命的意义。即相互陌生的人与人之间，如何建构和维系良好的社会秩序的问题。这种秩序其实从商旅第一次穿越丝绸之路就一直是一个梦想，那就是买卖双方的交易保障系统的建设。这样的成本也太高了，所以交易过程根本无法做到，农业时代才留下了“无商不奸”的认识。

在工业时代，信用的记录也很重要，在发达国家，这样的记录是伴随终身的，为人们进行交易记录的主要是银行和其他的金融企业。其实，支付宝在本质上也是一个银行，只不过他们所有的金融工具的设计都是以网路交易为核心的，在交易过程中起到支付和担保的功能，可以做到实时交易，这个工具设计很精巧，解决了资金流的问题。

马云的制度设置有什么社会学意义呢？这需要我们来做一个跟电子商务无关的思考。这些交易流程的设置让欺诈成为一个人人都可以看到的东西，在网络平台交易中，作恶的记录会让网商付出客户流失的代价。让网商自己每一单生意都变成和未来的对赌，任何一单欺诈，其实都是在透支未来。“不作恶”不仅来自内心的要求，也是欺诈成本太高的外在要求。

提高欺诈成本来自于信息透明化的威力。德鲁克说过，电子商务哪怕只占到经济的一小部分，也会改变整个经济。在陌生人的交易中，我们都期待透明化，很多非电子商务类的交易在交易流程上也会实行第三方金融担保的模式。采用第三方支付和更复杂的信用评价体系，支付宝未来会为大额商品交易设定交易流程，以信息化带动社会商品交易流程的现代化。这可以减少生意过程中的“人治”色彩，减少商业贿赂的产生，让企业更加专注于自己的产品价值，这对于社会良性发展是有好处的。

在多元社会里，利益冲突是难免的，支付宝的命运值得担心，作为金融服务中转站的角色，支付宝伤及了传统银行业的根本利益。其实二者的服务对象是不同的，传统银行主要是为国有企业服务的；而支付宝这样的金融机构主要服务于中小企业。但这样规范的交易过程会对传统银行产生倒逼机制，逼迫他们搞透明化。金融管理部门不爽是很正常的事情，马云有必要为此多动动脑筋。

信息透明化也是中国市场经济扎根最重要的动力之一。中国传统社会历来是一个“人情社会”，注重“礼尚往来”，有时甚至是礼大于法，这可能也是“熟人社会”盛行的原因之一。在我们建设法治社会的今天，毫无疑问，这种“关系社会”的行为模式已经阻碍了我国现代化的进程和市场经济的发展。

关系社会和熟人社会弱化了“法制”的功能，以“关系”代替“契约”，“熟人”的“情感”代替了法律的威严，很容易使社会正义和公平的天平在“人情”中发生倾斜。以“人情”代替“竞争”，淡化了“竞争”的激励，将亲情、交情、友情这种温情脉脉的手段移植到管理企业、管理国家、管理社会中来，导致经济管理中丧失了“利润”的冲动，社会管理丧失积极性和创造性的激励，这会影响正式组织的功能。更为严重的是，它还可能引发社会腐败、寻租行为的泛滥，导致整个社会风气败坏。因此，“熟人社会”、人情社会和关系社会的过分发育，是对法制社会的腐蚀、市场经济的摧残、和谐社会的瓦解。

前文我们已经说过《乡土中国》，依靠的伦理规范是：某村某人做了一件坏事，在熟人圈子里会记住他三辈子。这也是提高交易欺诈成本的一种方式。这种农业时代的约束机制，对于“陌生人社会”来说，已经不适用了。先做朋友后做生意是那个时代的交易哲学，要发展先要拓展和积累人脉圈子，这是农业时代的成功哲学。这些观念是没有错的，但是一个人，一个族群如果都专注于人本身的话，又有多少精力来从事价值创造。所以，**熟人社会其实是一种培养“人精”的机制，相反，专注于事情倒成了“奇技淫巧”。人精机制对于个体而言，创立奇迹不是不可能，但是对于社会整体来说，却是一种十足的负能量。**

农业文明时代的伦理，是留给我们社会变革的最大的绊脚石。中国社会要做彻底的社会伦理的塑造，首先要瓦解现在的“关系社会”

和熟人社会，农业时代伦理的顽固性超出了我们任何人的想象。孔孟之道就是一整套为农业文明量身定做的伦理观，在当下还在一次次的向现代社会反扑。

农业时代的繁文缛节和任何的谋略，在信息透明化的环境中，立即就会变得无用。这在战场上的对抗完全可以看出来。谋略在单向透明的现代战场上是没有什么用武之地的，因为敌人的一举一动可以完全处于监测之下。所以透明化时代是没有谋略的时代，在商业上，只靠产品和服务这样的硬功夫才能生存。一个厉害的企业在透明化的环境中做自己的事情，别人却无法模仿，这才是一种高明的策略，也是网络时代的生存之道。

但是，我们必须面对现实，我们在未来很长一段时间内，面对的是一个复杂的“混合型社会”。让信息化推动社会变革，让市场和民间发挥更大的作用，在整个社会营造一种浓厚的“制度文化”，只有更多地发挥市场的基础性作用，才能为法律开辟越来越多的空间，突破“熟人社会”，走向以法律为基础的“法制社会”，让人们适应“陌生人社会”和简单社会中的制度化生存。

信息社会是中国向现代社会发展的加速器，引导这次革命的，首先是一场观念的革命。

信任和为陌生人服务，这是新社会的基础。电子商务和信息社会的大潮正在将我们引导到“我为人人，人人为我”的新社会中来。

当然，企业领导者需要对这个社会有承诺，当然承诺不是胡吹瞎侃，企业领导者必须立足于自己企业的优势，为自己的企业员工和公众描绘一个伟大的愿景，用这个愿景去服务自己的团队，同时也去服务自己的社会。

其实换一种说法，企业需要有高度的责任感。有高度责任感的企业家，必须具备从我做起的觉悟，并自觉承担各种责任，践于诺言。怀揣崇高使命感的企业家，必须牢记自身的责任与使命，必须知道自己的责任是让世界物质供应更富足，民众生活更欢愉，人类更具活力，牢记谋取利润是为发展积累。如果具备了这种美德，企业领袖就会潜心去研究社会需求，去做有益于社会进步的生意，企业的事业就会因此而发展，企业家也会成为正能量社会的贡献者之一。

第六章 引爆市场正能量的深度策略

一个企业做好自己的产品仅仅是个基础，这是本书所持的观点，企业需要输出自己的产品和服务，就需要去影响顾客，影响顾客的核心是话语权。我们在前文中已经就企业内部的话语能量做过探究，本章就市场的话语权把握做另一番探究。

第五元素：话语权是影响市场和顾客的正能量

失去话语权就变成了沉默的羔羊，也就没有了选择的权利和权力。**话语权是现代企业竞争的关键元素，认识不到这一点就不能理解现代竞争。**所以我们才下结论：那些网络大鳄们的娱乐和游戏一般的做派其实背后有着很精妙的理念，制造话题，引导话题成为和做好产品一样重要的事情。

时尚是什么？其实是一些企业刻意做出来的，这就是一种理念引导。

认识到话语权在企业对外营销中占据的重要地位，这还远远不够。企业需要用自己最新的理念去引导市场和自己的顾客。

企业的影响力来自何方，一方面是企业的基础实力，另一方面就是企业在新概念方面的引导能力。有思想的企业，能够引领潮流的企业当然会受到人们的尊敬。**其实不仅仅在企业界，在整个国际政治之中，谁能为全球提供新的思想，谁就能引导新的历史潮流，这就是一种文化软实力。**现代的国际竞争也主要转向了软实力的竞争。有些国家虽然实力可谓强大，但是在国际间基本没有什么话语权，也不能给别人道义上的影响力。所以在话语权的竞争中，还是处于劣势。没有话语权，也就没有影响力。

将软实力的概念引入到企业的经营之中，具体体现就是一个企业不仅仅是企业，它也是商业思想的发源地。很多企业认为物美价廉是自己经营的核心元素，实际上做好质量是一个低要求，或者说是一个底线，也就是说，企业仅仅将产品做到物美价廉还远远不够。这就是为什么我们国家很多产品已经做到了物美价廉，但还是没有把握定价权的主要原因。因为我们没有话语权，就是说了，也是自说自话，别人也不买账。因为我们很多的企业都是没有商业思想的企业，不可能具有引导潮流的实力和思考力。

在网络时代，你的顾客向你付费，你就需要一个充足的理由告诉他这样做是值得的。但是企业管理者们说的话做的事情必须要经得起实践的检验。

美国前副总统戈尔有句话很值得企业思考：不掌握政权，就掌握话语权。前文的观点正是由这句话的理解而得来的。在逻辑上来讲这完全是说得通的。话语权是一种软权力，如果配合上适宜的硬实力，就能够帮助企业获得更大的经济效益。

话语权背后其实是企业战略的高明性，是企业经营面向顾客的基础正能量。后知后觉的企业不能适应网络时代的竞争。如果战略落后了，企业就是做再多的努力也是于事无补的。在以往的经营之中，战略有时候是处于绝密状态的，只有几个公司的领导层知道。而现在则不一样了。**你有好的战略，有好的构思，要敢于大胆地说出来，而不是像以前一样藏着掖着，因为现在是信息时代，信息传播几乎是实时的，保密的事情一旦面世就是公开的秘密。**透明战略是和顾客互动的战略，也就是企业和顾客沟通能力的一个体现。企业不必害怕和自己的顾客沟通，那是一种自信的表现。企业的兴旺发达是自己的顾客用钞票选举出来的，不和自己的顾客沟通首先就犯了一个战略错误。

在企业的经营过程中，企业和顾客的沟通能力是企业的核心能力之一，在充分竞争的时代，这个战略能力至少和企业的创新能力是齐头并进的。认识不到这一点，在网络时代就不能很好的发展。网络时代有影响的企业不仅仅是在做生意，其实做的也是一种小范围的政治。企业最终的命运掌握在手握钞票的顾客手中，企业需要成为一个有个性的企业，顾客与企业之间架起一种非直接利益的感性关系。这是网络时代企业的一项必修课。

任何出色的企业必须有追随者。其实这是一流的企业的特征，一个企业用什么东西和自己的顾客去做互动，当然首先要有出色的产品，但是仅仅有出色的产品还不够，因为能够出好产品的企业千千万万，但是有性格、有话语权才是真正的终极竞争力。建立在硬实力上的理念引导力，成为一流企业秘而不宣的能力。

在网络中，出现了一些能够引导舆论的人，他们的一篇博文，就能够引起上千万人直接和间接的关注，他们就是所谓的意见领袖。在大众传媒控制信息传播的年代，我们很难找到意见领袖这一说，因为话语权都被政治精英垄断了。但是有了网络这样的媒体，这些意见领袖们就有了自己的用武之地，也就有了以往只有政治精英才有的一呼天下应的公共权力。当然，商界领袖也包含其中，商业领袖们会在一切场合中传播自己的商业思想，并因为传播自己的思想而成为意见领袖。

很多知名的企业家当然属于意见领袖。他们的一举一动都受到公众的关注，也拥有一大群的支持者，流行的说法叫粉丝。网络一个核心的东西就是互动，企业家们会有意识地在网络上与自己的支持者形成互动关系。这种互动关系能够促进企业的产品和服务销售。

社会公共领域的意见领袖是指在人际传播网络中经常为他人提供信息，同时对他人施加影响的“活跃分子”，他们在大众传播效果的形成过程中起着重要的中介或过滤的作用，由他们将信息扩散给受众，形成信息传递的两级传播。两级传播中的重要角色，是人群中首先或较多接触大众传媒信息，并将经过自己再加工的信息传播给其他人的人，具有影响他人态度的能力，他们介入大众传播，加快了传播速度并扩大了影响。

这些公共意见领袖们的行为不能带来直接的商业利益，但很可能会在另一个领域得到自己的利益。这可能表现在自己的图书出版和其他的文化事业上。成人不会无缘无故的持久做一件事情，除非他在这个事情上找到了实际利益，或者自己认可的精神价值。实际利益还是第一位的东西，没有一本书去研究这些意见领袖后面复杂的收益系统。但是我认为，这样的收益系统是实实在在存在的。

企业家们理解互联网的本质属性，所以他们就会利用网络来完成自己的理念传播。很多企业家都是大嘴，要么就是时尚先生。这对于企业话语权的把握，对于企业形象和品牌的建立是一种支持性的系统，是一种软性的正能量。

舆论领袖一般颇具人格魅力，具有较强的综合能力和较高的社会地位或被认同感。在社交场合比较活跃，与受其影响者同处一个团体并有共同爱好，通晓特定问题并乐于接收和传播相关信息。电子商务比网络的娱乐更有意义，因为那是实实在在的创富活动。

做电子商务就有电子商务的逻辑，慧聪网老总郭凡生在这一点上就有点儿吃亏了，显然，和新一代的网络大鳄们比，老郭显然缺少寻找话题的玩法。要成为舆论领袖，就要学会自己找话题，使自己能够站在舆论的中心地带，有时候，郭凡生对于别人的话题的反应是被动的，低调做事是一种很好的精神，只是在网络时代，仅仅埋头做好事情还不行，还需要做好和自己顾客互动的努力，让自己的企业理念能够得到更多公众的理解和支持。尤其是电子商务，须臾离不开媒体传播，不会制造概念，传播概念的网商是要吃亏的。能够不断传播自己的理念的人，不仅是一个企业家，还是一个导师，甚至还充当精神领袖的角色。

按照网络的发展趋势，现在主流媒体的影响力在减弱。很明显的特征是，现在很多新闻和事件的由头多先是在网络上产生的，主流媒体往往是随后跟进，这至少说明了一个道理：不掌握主流话语权的媒体意味着他们已经丧失了对人们从意识形态到一般价值观的主导作用。接下来在舆论领域会发生什么样的变革，应该就是我们所说的百花齐放、百家争鸣。到底谁能获得大部分的民众的认同，这可能需要很多年才能尘埃落定。在讨论电子商务这样的一本书中，我们只要知道这一点也就够了。在做电子商务的过程中，我们从事的是一种商业活动。话语权是优秀企业的经营要素之一，也许有一天我们会认识到这一点。

由此看来，电子商务的逻辑和传统商务其实还是一样的。那就是话语权不是诡辩，不是虚张声势，而是建立在思想力基础之上的。这种话语权包括企业的价值观，也包括企业对于商业伦理的思考，做到了这一点，企业在网络时代的话语权建立和维持方面才能做到立于不败之地。

那些不能引领商业思想的企业，甚至连产品质量都不能保证的企业，网络对他们能够起到一个什么样的作用呢？很多网络明星就是一个例子，网络可以让他们一夜成名，但是却不能让他们持久地站在舞台的中间，因为站在公众的视野之中，就需要有经得起考验的东西，这种东西就是我们常说的核心能力。

网络时代的企业经营虽然更加强调话语权，但是企业的核心能力依然是企业在网络时代经营成功的基础。那些本来在网下就没有什么竞争力的企业即使靠广告运作做到了短时间的收益，但正所谓“物极必反”，处于中心位置的企业可能成也媒体，败也媒体。因为媒体不可能只关注一个方向，真实的新闻和报道总是立体全维的做分析，那些没有竞争力的企业是经不起媒体放大镜观察的。

网络信息垄断当然是一种很厉害的公共权力，有些企业确实能够屏蔽掉对自己不利的报道，并且向公众提供经过剪裁的信息。一个官员的权力大到别人无法制衡的时候不是好事情，同样，一个企业取得垄断地位以后就会很少顾及客户的根本利益。

从这个角度我们就能得出话语权在商业经营中的重要地位。在企业经营中能够站稳脚跟的东西，最终对内表现在企业的思想力上，对外则表现在话语权上。

在国际国内将话语权作为自己的经营要素的企业不是很多，但是我们国内至少已经有一批企业家明白了网络时代的经营秘诀。这就是让自己的商业思想发出万丈光芒，不仅仅照亮自己企业的心，也照亮顾客的心。也只有这样，企业才能在更残酷的电子商务的竞争中找到自己的位置，为不确定的未来增加确定因素。

话语权的本质是一种对时代潮流的领导力，这种领导力更多的是体现在对企业之外的号召力，而能吸引企业之外的公众随企业一起起舞的能力，这是一种修炼。

共赢和分享是网络时代最大的正能量

新东方教育集团有限公司董事长俞敏洪在谈及东西方文化的时候，说了几句很有意思的话，说明了中国当下的社会变迁。他说，西方文化本质是“抢”；中国文化本质是“让”。西方人“抢”，个人主义成主流，你死我活，最后只能用各方认可的规矩说话防止被“抢”；中国人“让”，“让”的基础是社会中大多数人都有“让”的自觉。现在，中国已经从“让”转化为“抢”，所以要有规矩，规矩保护所有人，尤其保护老百姓，这样就不怕被“抢”。

第二次世界大战后的经济史说明了一个特点，先进的国家发展起来，实际上已经不靠抢了，第二次世界大战后的经济发展，科技的贡献率达到了60%左右。也就是说，谁掌握了更多的先进知识，谁就能在竞争中胜出，而不是在近代工业革命时代谁控制了土地和资源，谁就能够在世界市场的竞争中占据主导地位。

把握网络时代企业经济的本质，企业在经营上也就有了正能量。竞争的本质已经发生了根本的变化，传统的竞争模式已经不能适应社会的发展，或者说，视别人为对手的时代结束了，剩下的事情是你能不能够做得更好。整合对手或者超越对手，这是网络时代经营的一个新的思考，成为价值链上的链主是一种新的价值追求。企业在内部称王称霸的时代结束了，未来企业家需要跨越自己的企业和企业外的界限，实现价值的重整，秉持共赢和分享的原则，谋求价值链的链主争夺战。

现在的企业家已经不是一个企业的领导者，他可能是一条价值链的领导者。控制的思维已经不能成为这个时代的主要管理目标，合作共赢才是企业运营的正能量。当然，有些企业追求的东西已经不是价值链的链主地位，而是一种标准。整合资源的能力也不局限于经济本身，可能还包括协助政府解决社会问题和发展问题。

在过去的几十年里，世界格局从殖民思维走向了伙伴思维，这是我们这个时代最伟大的转变之一。

日本发展就是一个很典型的例子，在第二次世界大战前几十年及在第二次世界大战中，日本侵略造成了亚洲巨大的灾难，也造成了日本自身发展的穷途末路。日本征服和控制世界的美梦没有做成，受到了全世界正义力量的重击。

战败后的日本在短时间内获得了重新崛起，获得了在战争中不能获得的利益，经济快速发展，造就了一批具有国际竞争力的国际大企业。这两种不同的结果说明了这个时代的转变，这个时代已经不是敌人的时代，竞争不是零和游戏，而是在合作基础上实现共同的发展。

吉田茂是日本战后最负盛名的首相，晚年以充满激情的语言写就了《激荡的百年史》，总结日本民族如何战胜困难、目光远大、勇猛进取、善于学习、追求完美。第二次世界大战后日本崛起，得益于追求至善、精益求精；得益于化剑为犁，用知识而不是枪炮去攻占市场，原材料不需要用枪炮得来，而是用日本制造来交换。

管理大师德鲁克说，日本实现战后经济起飞得益于三位导师。第一位导师是道奇，他教导日本人要发展经济，首先是稳定货币金融，将日元与美元汇率固定为360日元。第二位导师是戴明，制造业全面质量管理之父，帮助日本建立全面质量管理系统。德鲁克说，质量管理是美国人发明的，但完美运用、臻于化境的却是日本人，日本人不用枪炮，而是用一流的产品征服了世界市场。第三位导师就是德鲁克自己。他教会了日本人如何思考战略和实施目标管理，让日本人在经济领域的管理目标和组织能力有了足够的知识储备。

日本在“二战”后不再使用蛮力去征服别的民族，而是成功的分享了资本主义世界在几百年历史中积累下来的知识财富。日本人认识到，这个时代是教育的时代和知识的时代，惨痛的教训已经告诫日本人，靠武力获得经济利益的时代已经过去。在未来的竞争中，谁能垄断知识，谁能创造新知识，谁就能够成为历史的新主人。

很多人认为日本人做事都是精益求精的，实际上在实行戴明的全面质量管理之前，日本产品照样是质量很差的产品。在成功地分享了全面质量管理知识之后，日本的主流企业才逐步做出了世界一流的产品。掌握知识的人代替了日本武力征服的欲望。

在新的国际形势之下，知识经济表现出了更加强大的活力，因为知识本身就是资源，而且知识资源是可以从人才群体中内生的，所以这样的资源会永不枯竭。对外投资和合作被视为对当地的一种友好行为，在这样的合作过程中，知识是可以被传递和分享的，这也促进了投资目的地的知识进步，这和战争得来的结果完全不同。

大国的崛起靠的是科技，国与国之间的较量说到底就是国民素质的较量，是人才的较量。中国由于难以接受别人的教育思想，不能接受全面的经济学和社会学知识体系，所以就不能够在短时间内建成一个靠知识推动的社会体系。英国历史学家汤因比研究过 21 种在历史上曾经出现过，后来相继消亡的文明。结论是这些文明消亡的原因，无一例外，都不是他杀，而是自杀。他们失去了创新的活力，被历史淘汰出局。

很多人说，日本人得益于美国人的扶持才变得强大，美国确实起了很重要的作用，但关键的是日本从政府到民间的努力起到了至关重要的作用。但是菲律宾为什么不行？谈到自然条件和第二次世界大战后的条件，菲律宾也得到了美国的大力支持。所以一个国家的真正的发展，永远是内因为主，外因为辅。日本人善于学习，善于向强者学习的秉性是值得思考的。

换成企业运营，在我们看来和国家治理也没有什么两样。企业在运营的过程中，不要老想着去击败谁，而是要积累起自己的知识优势，以比竞争对手更努力的精神去完成顾客价值的新创造。这样的企业才符合这个时代的特征，才是充满进取精神的企业正能量。

网络时代的企业运营，实际上最主要的工作就是利用好手中的信息工具，去获取对自己企业最有用的知识，在知识上实现企业的积累。还有就是和自己的伙伴分享知识，其实在相互分享知识的时候，实际上就代表了创新的可能性。一点完成服务的创新，就可能和几家企业搭成一个价值链条，在这条新的价值链上获取财富。未来的企业就是徘徊在不同的价值链条之间，选择很多，如何选择，则需要企业有足够的知识储备。

现在的企业，如果不和别人去分享企业成果，总想着企业之内和企业的外部是不一样的世界，好处要留给自己的企业，不好的东西要留给自己的合作者或者顾客，那这样的企业在竞争中也就失去了进步的机会。企业的知识传递是相互的，不交流的固守自己的企业最终只能失去新的战略分工的机会。

网络时代有一个明显的特征，就是顾客和伙伴都离自己的企业很近，有时候没有很分明的分界线。**网络时代的同业和异业企业经营就是相互纠缠在一起的新体系，纠缠在一起才有机会，因为纠缠在一起实际上就是分享知识的过程。**在以前这是不可能完成的任务，因为信息成本很高，现在是网络时代，企业之间在信息系统的合并和合作方面变得成本低廉，为同业和异业的联合创造了一个比较好的条件。

价值观灌输：强大的意识形态核弹

现在没有任何一种意识形态可以控制所有人，所以政治领域的意识形态成为人们摒弃的对象，如果一个政治人物妄想将自己改造成神的话，那觉醒者大多数会对此人保持警惕。

然而，意识形态还是最厉害的武器，因为它可以不断制造思想的奴隶和缺乏独立思考的僵尸，做出乌托邦式的空口承诺，然而就是这样的承诺，却始终会有一大批支持者，人一旦被一个思想征服了，一辈子都别想改过来。意识形态不过是一个工具，处理好了会大大加速事业的发展，意识形态是一种巨大的能量，如果是代表历史发展趋势的意识形态，比如当代的环境保护思潮，就是一种杰出的正能量；而纳粹的学说则是一种巨大的社会负能量。

人类在千万年的进化过程中，头脑中被植入了一种固定的程序，那就是相信自己的头人，因为在蛮荒的时代，人类部落必须能够理解头人的想法，能够组织大家去完成复杂的任务。渐渐地，在人类的头脑中就有了接受别人指令的思考程序。也就是说，要么我们成为思想者去说服别人；要么我们自己被别人说服。

很多社会精英都说，我有独立思考的能力，事实上只要列出简单的断言，在精英耳边不断灌输，他们照样能成为思想的俘虏。实际上，在网络时代，我们更容易成为某一种思潮的猎物，只不过我们自己不觉得罢了。

现代人都知道意识形态的厉害，所以在政治上都不允许玩这一套了，因为社会群体一旦迷上了意识形态，那他们的思维方式就固定了。社会想变革会变得极其困难，直到一代人死去，思想的毒瘤才跟着被埋葬。有时候，人即使死了，但是他的思维方式和观点又传染给了另外一些人。防不胜防的意识形态灌输能力通俗的叫法为“洗脑”。

作为企业，不仅仅是产品的制造者，也是思想的发源地。企业仅仅是卖产品这样简单吗？中国制造吃亏就吃在这个地方。他们不知道做产品其实也是一种占领顾客大脑的游戏，一个企业生产出一件产品，仅仅只是商业的一个根基而已，在上面，有必要建立自己的学说。企业可以有自己的造神运动，因为法律法规没有禁止企业去做这样的事情，但是企业做好事情的本质能力一定不能够丢。

搞企业不是搞政治，但是搞企业不代表就不能传递思想。全世界一流的企业家，哪一个不是向外传递价值观的高手。北京瀚涛品牌思想库运营总监邱伟认为，**中国企业应该理直气壮地向外传递自己的价值观，一般情况下，你的价值观越是鲜明，你就越有支持者。**

也许，大众根本就不能理解理论复杂性，他们思考世界的方式有时候就是一条直线。做企业不能没有理论，但一定要有用自己的理论解释世界的能力。哪怕它是一个歪理，有一点点唯心的东西在里面。大众根本就不会做复杂性的思考，他们需要的就是你帮他去解释，他们不加思考的接受。

中国企业家大多数是内向的，他们首先强调的就是修己达人，实际上中国企业在推销价值观方面一直无所作为，一个不能做思想输出的企业，是无法屹立百年的。

企业领袖，必须有解释这个世界的能力。这是世界级企业领袖的最深层的影响力。

企业说到底还是以产品为基础的，这和政客们在空中画饼的欺骗手腕完全不同，企业的价值观传播事实上还是一个高级推销术，目标还在产品本身，赋予产品以性格和文化。因为我们认为，产品的价值本身可分成两部分，一部分是功能性价值，另一部分是精神价值，精神价值一定是思想赋予的，产品本质上也是一种诠释生活方式的精神产品。

一个企业实际上是一个由企业和顾客组成的独立王国，这是网络时代对于企业经营的一个假设，由于互联网的诞生，人类又开始了“重新村落化”的过程。人群是没有交流和领导者的部落，而部落是内部可以进行多点对多点的交流、拥有一呼百应的领导、更加持久和高效的人群。

在网络时代，一流的企业开始自建社区。在以往的经济活动中，由于通信成本的高昂，人们须通过很多的行业协会组织联系在一起，形成一个专业社区，传递信息很困难，而现在人们可以在网络社会中组织起来，随时随地地完成沟通，这种沟通逐步变成了一个网络社区。电子商务实际上就是买卖双方在网络上形成的购物社区。

电子商务时代的商人心理是一个非常值得研究的课题。商业群体的集体心理是很值得研究的一个方向。关于群体的理性精神，我们可以找到很多的经典著作来发现他们的规律。在政治学上领袖与民众的关系就是很值得研究的问题。网络只是网络，它不可能改变人性。这个人性就是人们对于美好生活的向往和逐利的本性。古往今来的政治家和鼓动家无一不是围绕这几个字在做文章。

现在的社会是多元化的社会，所以人们的价值观也是不一样的，越是缺乏共识的地方，越是商业思想者大展宏图的地方，也就会有更多的人兜售自己开出来的政治药方、经济药方。网络电子商务平台商的目的其实很单纯，那就是为自己的企业发展开拓出一条道路，他们的目标无非就是以自己的理念为核心，然后用理念来获取更大的社会资源，完成自己的战略构想。这些网络大鳄们是怎么样去影响经济环境的呢？也许“鲶鱼效应”可以解释这样的问题。

著名的“鲶鱼效应”是放鱼手段的一个实际应用。事实上，沙丁鱼本是生性慵懒的动物，渔夫为了让海鱼一直存活到轮船靠岸卖个好价钱，会在货舱里放几条爱吃沙丁鱼的鲶鱼——有了捕食者的追逐，沙丁鱼们被迫在漫长旅行中时刻保持逃命的运动状态，自然就不会死亡了。平日看似平静的网络海洋，其实暗藏着千万有着自主判断力的个体。如何有效调动这些资源对有益的信息进行传播和扩大，放鱼就成了事半功倍的办法，网络推手作为舆情策动者，在这个环节的积极作用由此体现。**网络大鳄不断地告诉网商和网友们，如果在未来的某一个时段，你还没有投入到电子商务的洪流中，那就只有等待被淘汰的命运。面对这样的恐惧，很多人当然也就自然而然将网络经营作为自己发展战略的一部分。**

如前文所述，网络大鳄们描绘了电子商务社会的美好前景，美景的诞生意味着一个网络舆论场的初步形成。和一般的网商不同，不是谁都有能力甚至有资格成为网络大鳄型的意见领袖。一般而言，意见领袖需要有鲜明的观点却以并不咄咄逼人的态度展现出来，才可以争取到更多的拥护者和追随者。拥护者和追随者越多，社区也就越大，网络社区又组成网络社会。有的网络社区是务虚的无谓讨论，有些社区却能流淌真正的真金白银。

从中国电子商务的实践来看，这里面确实有一帮具有企业家精神的人，他们深谙中国的国情，精确理解民众的心理需求，然后引导他们，为他们设计未来之路。

网络社区足够大的时候，也就变成了一个小社会。人们在网络社区中就有了很多的规范，这种规范的制定也就具有了社会管理的一些职能。现在关于网络社会的管理，中外的政府都管理得不是很好，因为网络是典型的点对点的扁平结构，而政府管理是典型的金字塔结构，正是因为政府不适应网络，所以网络大鳄才有了可以自由发挥的空间。

在这样的一个虚拟社会里，网络大鳄在社区中有着制定游戏规则的权力，传统的社会管理者会认为这样的权力不是那样的靠谱，只有网商才能感受到这些游戏规则其实不是开玩笑。在淘宝网这样的网站上，任何一次规则的转变都会伤及一些网店掌柜的利益。比如淘宝为了打击炒信行为，关闭了很多已经做得比较好的店铺，这些掌柜们联合起来跟淘宝捣乱；淘宝为了顾及小卖家的利益，在网络推广方面做了一些调整，结果引来了掌柜们到阿里巴巴门前拉横幅抗议。对于大的网络社区来说，这些大鳄们实际上起到了在线下传统政府才有的职能，不过他们确实是真心做服务的。

淘宝已经变得树大根深，以马云为首的战略管理团队管理着这个巨大的网络社区，控制着每年上万亿的资金流向，同时，作为游戏规则的制定者，在大社区中完全可以实现自己的战略，在战略和全局上把握主动权。

对于网络社区来说，大就意味着有很大的战略纵深。所以当 B2C 的趋势渐渐明显的时候，马云就在 C2C 的模式内，支持网络商家的发展，将淘宝里面的大户提出来做一个淘宝商城天猫，从而硬硬的内生出来一个 B2C 模式。这让很多年来一直窃喜自己走对路的 B2C 大鳄们感到吃惊。马云为什么能够翻手为云？一个最核心的要素就是马云十几年来培养了百万淘宝购物群体。只要淘宝的管理层在适当的时候做出这样的调整，他们就能转变营收模式。未来的电子商务是什么样的，淘宝基于百万网购群体就能够转变成什么样。所以阿里巴巴最大的财富就是这些在淘宝网上主要买东西，偶尔卖东西的大量消费群体。

这么大的网络社区是如何建成的，我们说秦始皇筑了长城，秦始皇是个决策者，万里长城还是千千万万的民夫筑成的，因为秦始皇告诉他们，一旦北方的马背上的民族冲进来，会抢走你的老婆孩子；马云说，你不做电子商务，电子商务就会端走你的饭碗，于是在网络上就出现了千千万万的电子民工，建成了网络上的商务大城。

十几年以来，我们几乎都看到以马云为代表的电子商务大鳄们对未来的鼓而呼。他们像传教士一样描绘下一个社会的美景。在这样的过程中，他们逐步把握了对未来社会的解释权，也就是一种话语权。在网络商务平台之内，他们会尽一切可能提高自己传播信息的纯度，也就是经过裁剪过的信息，这当然是一项繁杂的工作，但是这样的企业已经成为网络时代的巨舰，他们想做到的，他们也许就能做到，因为他们学会了用媒体话语权和规则来影响大众，在这之前，没有人这样干过。

企业意识形态的输出是一个新的课题，实际上在很多的市场确实就是这样做起来的，企业对于市场，就是创造需求，引导消费。这几个字完整地解释了企业对外工作的使命，而一流的企业善于创造需求，而不是做市场的跟随者。这样的企业肯定是充满正能量的企业，因为他们不满足于向市场提供完全竞争性的产品和服务，而是在工作中创造性的满足顾客的需求。

真正的需求就在顾客的心里，所以企业不仅仅是卖产品那样简单，而是需要从价值观和世界观方面去引导客户接纳自己的产品。懂得这一点，就等于掌握了企业经营的核武器，一个企业一个世界观，在全球范围内，没有一个国家的法律禁止企业这样干，全球一流的企业正是凭借价值观和世界观的操纵，让顾客处于心灵的折服，然后产生超越一般价格战和一般价值战的竞争格局。这是世界一流企业的核心机密，也是一种经营的核心正能量。

安全感和正义感：企业长治久安的正能量

在普遍的诚信条件下，安全感就是一个企业所能提供给员工和顾客的底线，但是在社会普遍缺乏安全感的情况下，谁能够给自己的员工和顾客更多的安全感，这就是一种经营的正能量。

在企业内部，一种信任的文化如果建立不起来，企业的运营就会受到比较大的影响，“缺乏安全感”是导致人才流失的一个关键因素，也正是这种“不安全感”使员工的行为产生了短期性，进而危及企业的长期利益。而股权授予协议书的签署，表达了老板与员工长期合作的共同心愿，这也是对企业战略顺利推进的一种长期保障。

佛说，世间事都互为因果，你度佛陀，佛陀也度你。也就是说你不尊重别人，别人也肯定不会尊重你，在一家企业里，要是人人自危，实际上是企业缺乏诚信、不讲伦理的一种体现。一个没有安全感的企业，除了老板，其他人都是过客，这是很要命的事情，没有人愿意和你坐下来谈长久发展，也不将企业的事业当成自己的事业。这样的安排实际上是很愚蠢的，整个企业必然笼罩在一片人人自危，朝不保夕的氛围中。

作为企业主，如果不给自己的员工安全感，员工可能也会使你感觉不安全，因为他们也会有自己的打算，不会创造性地去解决问题，将企业内的事情做得更好。做企业如此，做人也如此，处理员工关系如此，处理合作关系也如此。

所以，一个企业不给员工安全感，那么客户及其他商业伙伴也都无安全感可言，而要是全体都没有安全感时，最需要安全感的可能就是企业自身、老板自己了。所以，员工感受不到安全的企业很难是一家好企业。

很多小企业都得上了小企业病，就是因为不信任人，造成了组织内的所有人相互猜忌，变得没有安全感。在这样的企业中，企业组织形式是一个集权式的组织，领导一元化，只要企业在运转，这些小老板都集人权、财权、物权于一身，加之企业的监督机制不健全，老板就有权力将其中的好处分给谁，这在很大程度上只取决于他的责任心和良心。责任心和良心这个事情不是恒定的东西，不恒定的东西是无法给人安全感的。

实际上小企业向大企业的转变，最要转变的就是自己，其实在企业创业之初，小老板与企业家挣钱的本领并没有高下之分，但是诚信待人的恒定程度却有着很大的差距。这个差距正是小老板与企业家的根本性差距，也决定了小老板难以摆脱小老板的命运。企业家摆脱了以金钱作为事业成功标志的束缚，也不把金钱看成社会对自己不平凡贡献的奖励，更不认为金钱是成就的报酬，而把财富当做是数字游戏。企业家不是金钱的奴隶，而是金钱的主人，钱只不过是企业家实现理想和创造社会价值的附产物，是自己代为社会保管的财富。

企业家认为，企业不仅仅是一个资本构建的企业组织，更是一个心灵构建的企业组织。个体户做企业，总是认为自己是最厉害的，员工靠自己活；员工是平凡甚至是平庸的，是可有可无的。因此，小老板不认为应该对员工心存感激，眼中只有自己，心中没有他人，只想自己成功，追求自己有大房子住、有好衣穿、有好车子开。他们认为企业是自己的，与员工无关，员工本来就是用来剥削的，天生就是老板的赚钱工具。多数小老板认为中国什么都缺，就是不缺人，你不干总会有人干，少花就是多赚，便宜买便宜用是小老板用人的标准。跟小老板干事，起得比鸡还早，睡得比狗还晚，吃得比猪还差，收入却少得可怜。这样的企业要发展起来那真是个奇迹。在一个充满心灵负能量的企业中，最终的结果都是一事无成。

一个企业中，只强调积累，否定分享，团队和员工不理解，往往认为老板敛财，剥削员工，独占团队的劳动成果，渐渐地团队没有了积极性，离心离德，人才流失，没有了优秀的人才，企业的进一步发展也难以持续。

企业的信任有三个维度，一是对于利益的分配机制要明确；二是要充分尊重个人的人格和心灵正能量的引导；三是要保持前两项的稳定性。做到了这一点，才能够成为一个充满信任感，充满正能量的企业。

在企业内部，我们需要积累让人相互信任的人际环境，尽管这样的事情很难，同事文化有时候很复杂，但是这种复杂性需要企业管理者不断贯彻信任文化，而不是离间中层管理者，让他们产生激烈的竞争。事实上，适当的相互激励是可以的，但是运用制衡的机制，每个人都信任，都在中间搞平衡，企业掌控全局的管理，最终都会失去组织的安全感。

在企业外部，有两个维度的安全感，一个是社会环境给予企业家的安全感，一个是企业家和企业所有的员工给予顾客的安全感。这几个维度的安全感全部加起来，我们才能够说，这个企业在安全感的问题上做到了位置。

作为中国的民营企业家，你必须面对自己的员工，将安全感给予自己的员工，你也必须面对顾客，将企业的安全承诺给自己的顾客，至于企业家自己，只能靠自己扛了。企业家的安全感只能靠自己去把握，企业家本身就是带有一种使命感的人，他是内心的激荡才出来做事情的，他是愿意承担风险的人，做不到这一点的人，就不是企业家。

企业家是没有安全感的，人们看到了他们风光无限的一面，没有看到他们为了自己的事业而不得不和自己的价值观妥协的事情，对于企业家来说，这是最痛苦的事情，本来创业的目的就是先使自己的心灵获得自由，但是在现实中不得不和体制环境做妥协。

万通地产董事局主席冯仑对中国民营企业家的安全感就有过很精彩的描述。他认为，在最近五六年，从整个社会结构来说，民营企业仍然是一个偏房的位置，这是让民营企业家群体经常感觉到的一种角色。比如说，最近大家议论比较多的富人移民。这些富人为什么要移民？冯仑说记得在五年前的时候，是所有海外人都要往国内走，大量的留学生带着理想回来创业致富。但这段时间倒过来了。这显然说明，第一，财富创造没有安全感；第二，没有公平感。

在过去的很多年里，民营企业家实际上在体制中扮演了夜壶的角色，冯仑说，就像杜月笙过去说的一样，我们就是一个夜壶，别人内急的时候用我们一下，用完了嫌臊就踢到床底下。多少年都是这样循环往复。这种情况，也是导致现在民营企业没有安全感的原因。

一个国家的经济要发展，其根本的发展正能量就是解放人心，而不是有限的产业扶持政策，解放人心的目的就是保护好企业家的创业精神，一个没有创业精神的国家是死气沉沉的国家。

冯仑说，美国这十年、二十年破产了很多曾经伟大的公司，比如说有快两百年历史的雷曼公司，但是，现在跟没发生一样。关键是，又生出很多像扎克伯格创办的 Facebook 这样的企业。有企业死亡，也有企业在不断产生，所以这个社会就有活力。为什么？因为市场效率高。最根本的一条就是这个市场能够做到最大限度地公平和公正。这样的创业环境之下，企业的生死实际上都取决于市场，愿赌服输，没有觉得不公平。这里面就包含了企业家和创业者对于政府的信任和社会的信心。

在中国的市场环境之下，如果一个企业能够独善其身的话，就不需要和经营无关的体制走得太近，还是努力去完成自己企业的商业价值的创造。这样的企业才会走得久远。冯仑说，我觉得，最重要的是怎么消除心理上的收入差距和相对被剥夺感，那么就要建立一个机会均等的体系和制度，要在制度上很好地保障福利，包括公益慈善。还有就是要对公权力加以约束，然后才能够谈到私权利，逐步进入一个公平的对话。

冯仑说，民营企业的要求非常之低，就是好人最可怜的要求——我作为一个良家妇女，最低要求就是没是非，还相对健康，有口饭吃。我已经不要求人家说我长得漂亮，也不要求说我生个儿子，一生下来就比别人家的孩子跑得快。

树立社会安全感和正义感是个久远的过程，作为企业家，那是有自己的社会理想的，尽管现实很骨干，但是理想一定要丰满。要让社会充满正能量，就要让自己的企业先充满正能量，要将这样的善意的东西扩展开去，慢慢地去改变社会，这才是现代企业家身上的一种使命。

企业需要给自己的顾客以安全感，这是非常重要的事情，虽然在当下的体制环境下，给企业家和创业者以安全感还是一个很长的过程，但是给予顾客的安全感却是不能少的，这是一种经营者的内省。没有对于自己的事业负责的精神，是做不到这一点的。公平正义不是一种廉价品，他需要将一种信仰输入到我们的骨子里。

我们读到谷歌的招股书，就会感觉到企业需要将公平正义放在一个重要的位置，谷歌为了全球的信息自由权，不会做出任何的妥协。在招股书中有这样一条，就是谷歌绝对不为了追求短期的利益而放弃企业最初发展所希望的梦想，因为谷歌相信坚持企业为社会和人类创造价值的原则会为企业带来最大的收益。我们没有看到中国的企业有这样的道德感的宣誓，在坚持社会公平公正的前提之下，企业任何的艰难险阻都变得无所谓，因为企业做到了成为社会的一分子，一个建设者，而不是一个充满社会负能量的组织。

娃哈哈老总宗庆后说，这些年娃哈哈一直比较健康稳定地发展，得益于企业无论对内对外，都非常注重一种安全感的建立，建立一种内部信任，顾客信任和政府信任的关系，只要坚持了正确的发展方向，也就没有什么能够阻止一个企业向前发展，娃哈哈的钱是一瓶水一瓶水卖出来的，自己作为中国的首富，会睡得很踏实。

娃哈哈能够不断获得长足发展，原因之一在于它没有受到暴利的诱惑，原因之二在于不断创新，也没有做自己能力做不了的事情。另外，娃哈哈的技术装备是一流的，这样一来，效率高、成本低、质量好。娃哈哈也建了一个销售网络，合理地分配利益关系。

宗庆后认为："关键点还是我们以人为本，家文化就是这个企业的精神、企业的文化，让员工享受企业发展的成果。所以，整体我们是要多方面形成自己的核心竞争力，才能保持稳步健康的成长。"一个企业的长远发展，绝对不能做和社会价值相悖的事情。

宗庆后的观点和冯仑的观点是一致的，也就是企业必须坚持脚踏实地的事情，这很简单，但是这里面其实就是最大的正能量。道不正的企业是走不远的。

冯仑说：这十年，我们就没有陷入需要遮掩的事情，因为没有。所以，我们跟很多民营企业不一样，我们一直坚持做"夜总会里的处女"。大家感觉上都觉得民营企业有问题，但我们的确没有。因为我们从第一天开始就这样做，我们有自己的价值观。从头一个十年能够幸存下来，我们不是因为"我爹是李刚"，也不是因为我运气好，而是因为我们的确没干坏事。在中国这么复杂的转型社会里，这种现象只有两种解释，一种就是，我们真的是好人，吃了很多亏。比如说，你踩我脚我不吱声，这样就没是非；我要揪着你就会扯，肯定永远就没有安生了。还有一个就是我爹太牛，一直有人罩着，谁也不敢动我。显然，这种结果不存在，因为我爹没有这么大的能耐。所以，老老实实的做好事情就好了。

冯仑认为，在开放和全球化的背景下，我个人还是比较乐观的，希望能够看到，未来的社会可以朝着更加理性、有序、法治和平权的方向走。所谓平权，就是所有不同职业、不同身份的人，在政治、法律地位上的权利应该是平等的。而一个企业，就需要成为这个价值的开拓者和维护者。

把握趋势：做全球行业的整合者和引领者

市场趋势中包含着最大的正能量，能够站在全球产业的视角，去看待未来的发展趋势，就能够组合好当下的资源，完成一个伟大的事业。伟大的事业不是几年时间就能够完成的，那些心怀远大理想，在现实中又脚踏实地的企业实际上都能够成为影响人类社会发展的典范和楷模。

在经济全球化的时代，守在一个角落是无法做事情的，一个充满正能量的企业，必须把握最大的趋势，因为最大的趋势代表着最大的价值。我们看到全球一流的企业是如何运营企业的，也就知道我们未来该怎么做。

做正确的事情是企业永远的正能量，事情做错了，做得越好，死得越快。因为这样的作为使得企业失去了和未来商业机会对接的机遇。历史已经证明，成功者不是今天成功的，成功的企业是建立在过去把握趋势的基础上的。在一个企业中，战略永远起到先导性的作用。

LVMH集团近几十年的发展趋势，正是说明了企业必须在充满理解市场的基础上，把握行业发展的趋势，提前进行布局，当市场变动的时候，实际上就变成了世界行业性的领导者。这样的布局不是一天完成的，有时候，需要几十年甚至上百年的努力。

LVMH集团的前身是一家有着近300年历史的家族企业，历史决定了这家企业其实本身就是传奇。在扩展和发展的过程中，积累了无数的达官贵人和产品之间关联的故事。目前，该集团在销售额、市值、影响力等方面，都处于世界第一的位置。

LVMH集团的历史实际上就是不断的并购其他奢侈品和其他高档产品企业的历史。现任董事长阿诺特持有的经营观点实际上还是延续了这样的经营思想，那就是如果遇到竞争对手或者跟集团存在间接竞争关系的对手，我们就买下他们，让他们和自己站在一起去面对全球的高端消费者市场。

一百年以来，这家企业集团本着把西方生活艺术的精髓传遍世界为使命，一丝不苟，尽善尽美，体现传统工艺的高贵典雅，继续标志着高雅与创意，每一件产品及其意义，都融合了传统和创意，燃起无限梦想、激发无尽想象。应该说，这样的表达是典型的LVMH的语言，无论在什么地方做演讲，这几句话都会成为阿诺特必须念诵的经文。

在保持经营理念的延续性方面，这家企业做得相当的出色。董事长阿诺特更是将企业发展的理念发挥得淋漓尽致。

“不给我迪奥香水？那就一起到我名下来吧。”从1987年LVMH集团CEO伯纳德·阿诺特把迪奥香水整合到名下起说出口的一句话。这位集团领军人物在并购事件中所表现的强悍和进攻精神是罕见的。在每一次的收购行动中，他都表现出一种志在必得的自信。

从他登上集团领导者的宝座起，这位LVMH的皇帝开始了其在奢侈品细分行业的大肆收购。从1987年至今，LVMH进行了62笔收购，此外还持股74家公司。

阿诺特的收购风格以及锲而不舍的做事风格在2010年收购爱马仕的时候被充分表现出来。有着170多年历史的家族企业多次表明立场，要保持家族产业的独立性。更何况即便在经济危机中，爱马仕也是少数保持了强劲业绩增长的奢侈品品牌之一，让人看不到任何转手或出售股权的理由。在这种情况下，阿诺特一次又一次的游说爱马仕，这样的工作一做就是很多年。爱马仕的家族领导人最终还是架不住阿诺特的攻势，2010年10月23日，LVMH宣布已经收购爱马仕14.2%的股份，加上手头上的可换股衍生工具，总持股量达17.1%。其议价能力很高超，在收购中，那些被收购者在事后总有一点吃亏上当的感觉。2011年3月7日，LVMH宣布收购来自意大利的全球第三大珠宝供应商Bvlgari（宝格丽），LVMH发布的公报显示，此次收购共花费了43亿欧元，维持了前者一贯的奢华作风。

收购爱马仕和宝格丽，在当年的奢侈品行业，这可是一个让人震惊的消息。因为这意味着很多家族经营的奢侈品企业，在独立经营百年之后，都需要重新思考自己的去处这样的问题。

阿诺特是一个在任何场合都强调企业目标的人，哪怕见到美国总统也会说，LVMH集团的目标就是：以经得起时间考验的精湛的专业工艺让您体会“生活的艺术”。对于全球高端消费者而言，他们向往的生活艺术就是购买别人不能购买的东西，用炫耀性的消费品来彰显自己的存在价值。所以集团出售的不是产品本身，而是高收入人士的梦想。集团就是讲述好产品的故事，然后将产品变成满足这些人的精神产品，满足他们的生活梦想。奢侈品行业其实也是给人目标和梦想的行业。

奢侈品行业竞争必须强调秩序，这是阿诺特一直秉持的最重要的观点。从接手集团领导事务的时候，他就认识到了这一点，全球经济的迅猛发展，加上电子商务的普及，这必然对奢侈品市场产生非常巨大的影响。所以，大肆收购同类奢侈品企业的真正目的就是尽力掌控上游的奢侈品企业，形成一个面对外界挑战的策略性战斗方阵，而不是行业内的无序竞争。奢侈品行业一旦进入追求市场占有率和价格战的区间，则对整个行业都会产生毁灭性的打击。

对于阿诺特而言，自己在领导 LVMH 集团的过程中，关键的问题不在于如何收购其他的奢侈品企业，最大的难题其实是根据不同的品牌进行市场的分割。在商业经营上最本质的事情永远是赚钱分钱，奢侈品行业也不例外。收购实际上就是抱团发展，运用资本市场的金融手段来支持家族奢侈品品牌的市场稳定性，使得在不损害这些品牌家族的利益之下，平稳的渡过诸如经济危机这样的暂时的经济难关。秩序能够带来稳定，稳定能够更好地促进企业占住高端市场，同时也能够保证品牌在经营过程中保持自律，抑制他们短期取得超额利润，损害品牌长久市场地位的行为。

当然，收购的战略进程并不能令人满意，比如对古奇（Gucci）的收购就失败了。阿诺特对此有自己的想法，他认为，全球奢侈品市场的未来应该是几个星系这样的系统结构，巨头制衡的市场格局是市场真正需要的，而且是良性的竞争体系。现在奢侈品产业和时尚产业互相交融的现状也促使企业急需资本的支撑，需要集团化、规模化的发展，否则很难将品牌的传播面覆盖得更广。而在阿诺特的领导下，企业集团已经完成了这样的转变。应该说，这位奢侈品帝国皇帝的风格很像拿破仑，他是法国最富的男人之一，也是在法国最受尊敬的企业家之一。作为企业的领导者真的可谓功成名就了。他领导下的企业实际上就在于最大限度地去整合行业的资源，成为世界奢侈品王国的皇帝。

阿诺特在几十年经营企业的过程中，实际上都秉持着为所有的收购品牌创立更稳固的市场地位而努力的目标。如果没有这样的前瞻性，今天的奢侈品市场会是完全不同的场景。一份事业如果是伟大的事业，一定可以做得不慌不忙，而不是只存活几年的时间。

同样，我们看到耐克也是这样的企业，他们的大发展都是在把握世界发展趋势的基础上的，他们的经营，实际上都成为了一代宗师，成为全球行业竞相效仿的目标。在耐克总裁菲尔·奈特之前，所有的财富几乎都与控制实体资源有关，在他之后，经营开始进入虚拟时代，渠道商和品牌商开始占据经济活动的中心舞台。所以人们称菲尔·奈特是后工业时代的财富先锋。

30 年前，美国青年人人均就已经拥有一双耐克鞋，现在美国男孩平均每人拥有 10 双耐克鞋。即使越来越多的美国年轻人懒于运动，也要穿着耐克运动鞋看电视和上网。在全世界，耐克产品越来越成为年轻人的首选，这是一个建立在消费者心中的企业。耐克在引领青少年时尚方面一直做得极好，品牌内涵也较为朝气蓬勃。

菲尔·奈特认识到商业的本质不过是话语权主导之下的取利

行动。所以，话语权才是商业的核心，品牌是消费品领域最值得珍视的战略资产。

奈特和伙伴鲍尔曼各自出资500美元创立耐克的前身蓝带公司。奈特以希腊胜利女神的名字将公司命名为耐克（NIKE）公司。奈特的一个朋友卡罗琳·戴维森，以35美元的价格将她设计的“钩子”状耐克标志卖给了奈特。恐怕没有人会想到，这个简单的标志今天已遍布全球各地。

创业之初，奈特白天在普华永道做循规蹈矩的会计师，下班就到大学校园或运动场摆地摊卖他们从日本进口的运动鞋。直到1969年，奈特甚至还在波特兰大学担任教师。创业时没有仓房，耐特把存货放在耐特岳父家的地下室里，他和鲍尔曼两个人一个管财务，一个管设计，配合得十分默契。

作为一个天才的企业家、富有远见的战略师，奈特在一个个看似疯狂的主意中，规划了公司从设计、技术到营销的整体思路。20世纪70年代，奈特就为公司设计了虚拟化生产的战略，公司至今没有一家工厂，而是利用自己的商标、设计开发能力，以特别许可证的方式在劳动力成本低的地区大规模生产，而公司则将所有资源集中到研究运动员需求、设计产品和市场营销方面。耐克这种集中优势、节省管理成本的“外包”方式后来被行业乃至整个商界所效仿。

耐克不是最大的公司，但是在世界范围内，这是企业文化最强大的企业之一，很多经营者觉得文化比较虚幻，转化为财富的路径很困难，但是在奈特领导之下的耐克做到了，他所开创的模式实际上建起了企业文化软实力的时代，这其实就是后工业时代的企业运营规律。这也造就了一个价值220亿美元的体育用品王国。

奈特是一个商业天才，他早就认识到了企业本身就具备媒体特性，这是后工业时代大众消费产品的运营本质。后工业时代，做好产品已经不是事业的标准，而是事业的底线，企业必须在企业之外构建属于自己的亚社会。企业需要从生产企业变身为信息企业和价值观企业。

对于很多企业来说，做全球的行业整合者，只是一个梦而已。问题是作为有主动性的人，必须有伟大的梦想，而且敢于说出自己的梦想。马云当年在自己公司只有18个人的时候就向别人夸口说十年之后要成为市值50亿美元的企业，实际上，十年之后，仅仅一个子公司上市，市值就超越了100亿美元。不是马云有多大的能耐，而是马云能够把握最大的历史发展趋势，而且愿意为此做一个百年企业。

在中国的企业家群体中，能够有马云这样的优秀者很少，原因在于他们没有马云这样大的梦想。然后有贯彻目标的能力，还有在全球组织行业资源的魄力。事实上目标决定了一个人做事的方式。做百亿企业的方式和做百万企业的思考方式完全不同，所以德鲁克劝诫全球的企业家们，一定要给自己一个大目标，有了大目标以后才会有思考如何实现目标的路径。不同的目标有不同的实现路径。

所以说，作为企业家或者创业者，最重要的事情实际上就是保持自己远大的理想。企业时刻不能离开这个东西，而创办一家伟大的公司，就需要明白，需要提前十年甚至二十年就为未来设下发展的大局，而不是急功近利的为了短期的目标，丧失了对于未来大势的判断。

其实，创办一个行业领导型企业，需要创立一个特殊的管理结构，来对全球的行业资源甚至行业外的关联资源进行有效的组合，如何去形成自己把握的战略联盟型企业是未来经营的根本性思考。在这个过程中，需要站在全局的高度，创立一个能够协同的系统，创立一个伟大的企业，实际上需要成为一个智慧型的企业组织。